AF461216

Collection "Leurs amours"

Michel Corday

La vie amoureuse de Diderot

Ernest Flammarion, éditeur

Collection « Leurs amours »

ANDRE ANTOINE

La vie amoureuse de François-Joseph Talma

LOUIS BARTHOU, *de l'Académie française*

La vie amoureuse de Richard Wagner

ANDRÉ BEAUNIER

La vie amoureuse de Julie de Lespinasse

LOUIS BERTRAND, *de l'Académie française*

La vie amoureuse de Louis XIV

BINET-VALMER

La vie amoureuse de Marie Walewska

ABEL BONNARD

La vie amoureuse d'Henri Beyle (Stendhal)

MICHEL CORDAY

La vie amoureuse de Diderot

LUCIEN DESCAVES, *de l'Académie Goncourt*

La vie amoureuse de Marceline Desbordes-Valmore

MAURICE DONNAY, *de l'Académie française*

La vie amoureuse d'Alfred de Musset

CLAUDE FARRÈRE

Une aventure amoureuse de Monsieur de Tourville

RENÉ FAUCHOIS

La vie d'amour de Beethoven (2 volumes)

ALBERT FLAMENT

La vie amoureuse de Lady Hamilton

FRANC-NOHAIN

La vie amoureuse de Jean de La Fontaine

ROSEMONDE GÉRARD

La vie amoureuse de Madame de Genlis

MYRIAM HARRY

La vie amoureuse de Cléopâtre

GÉRARD D'HOUVILLE

La vie amoureuse de l'Impératrice Joséphine
La vie amoureuse de la Belle Hélène

DUC DE LA FORCE, *de l'Académie française*

La vie amoureuse de la Grande Mademoiselle

* *Le plus beau parti de France*
** *Le mariage secret*

GEORGES LECOMTE, *de l'Académie française*

La vie amoureuse de Danton

MAURICE MAGRE

La vie amoureuse de Messaline

CAMILLE MAUCLAIR

La vie amoureuse de Charles Baudelaire

PRINCESSE LUCIEN MURAT

La vie amoureuse de la Grande Catherine

PIERRE DE NOLHAC, *de l'Académie française*

La vie amoureuse de Pierre de Ronsard

FERNAND NOZIÈRE

La vie amoureuse de Ninon de Lanclos

PAUL REBOUX

La vie amoureuse de Madame du Barry

MAURICE ROSTAND

La vie amoureuse de Casanova

CÉCILE SOREL, *de la Comédie-Française*

La vie amoureuse d'Adrienne Lecouvreur

MARCELLE TINAYRE

La vie amoureuse de Madame de Pompadour

EMILE VUILLERMOZ

La vie amoureuse de Chopin

La vie amoureuse

de Diderot

Il a été tiré de cet ouvrage :
soixante exemplaires sur papier de Hollande
numérotés de 1 à 60,
et cent cinquante exemplaires
sur papier vergé pur fil Lafuma
numérotés de 61 à 210.

Collection " Leurs amours "

Michel Corday

La vie amoureuse de Diderot

Ernest Flammarion, éditeur

La vie amoureuse de Diderot

I

NANETTE

C'était en 1741.

A peine niché dans son nouveau logis, rue du Vieux-Colombier, Denis Diderot remarqua ses deux voisines. Dès le premier regard, la plus jeune l'avait ébloui par sa grave beauté, sa taille de statue, son air de sagesse. Comme il était le plus expansif des hommes, il voulut tout de suite lier conversation avec les deux femmes. Mais elles passèrent vite et raide, peu soucieuses de répondre aux propos d'un inconnu.

Une telle réserve laissa le bon Denis Diderot à la fois tout émerveillé et tout interdit. Sans attendre,

il courut se renseigner sur ses deux voisines près de leur commune logeuse.

Il apprit que Mme Champion était veuve et qu'elle vivait avec sa fille. Toutes deux tenaient un petit commerce de dentelles et de lingerie. Mais elles avaient connu des jours plus heureux, une situation plus brillante. Elles fuyaient le monde et se plaisaient dans la solitude. Et la logeuse ajouta rondement qu'elles n'étaient pas femmes à entrer en relations avec un garçon de son âge et de sa figure.

Denis Diderot était, en effet, jeune et avenant. Il avait alors vingt-huit ans. Taillé en force, il avait le front vaste et clair, le regard animé, la lèvre gourmande et fine, le nez viril, le geste ouvert et cordial, de l'éloquence et de la fougue.

A vrai dire, sa tenue débraillée n'était guère faite pour rassurer les deux inconnues. Il portait une vieille redingote de peluche grise toute meurtrie, des manchettes déchirées, des bas de laine noire recousus par derrière avec du fil blanc.

Convaincu que tout le séparait de ses voisines, il dut, en attendant mieux, se borner à les saluer très bas chaque fois qu'il les croisait dans l'escalier.

⁂

Si la mise de Diderot était tellement négligée, c'est qu'il menait, depuis dix ans, la vie la plus rude et la plus éparse. Élève des Jésuites, d'abord à Langres, sa ville natale, puis à Paris, il avait ensuite étudié le droit pendant deux ans chez le procureur Clément de Ris, toujours à Paris. Ce stage terminé, son père, maître coutelier à Langres, lui donne le choix entre deux partis : « Prenez un état ou revenez avec nous. » Denis Diderot repousse l'un et l'autre. En particulier, il refuse de devenir médecin « parce qu'il ne veut tuer personne ». Il entend rester indépendant et continuer d'apprendre. Il veut mener à Paris une vie à la fois libre et studieuse.

Il vénérait son père, homme rigide et pieux, renommé dans sa ville pour son jugement et sa probité. Mais ils étaient aussi obstinés l'un que l'autre. Bien qu'il eût quelque aisance, le maître coutelier supprima la pension de son fils.

Denis Diderot donna des leçons. On dit même

qu'il écrivit des sermons pour des missionnaires. En même temps il apprenait l'anglais, l'italien, il se perfectionnait dans l'étude du grec, du latin et des sciences, surtout de ses chères mathématiques.

Il végétait péniblement. Sa mère, naturellement indulgente, lui fit parvenir à plusieurs reprises quelques louis par une vieille servante, Hélène Brûlé, qui couvrait à pied, dans les deux sens, les soixante lieues qui séparent Langres de Paris. Parfois, il empruntait de petites sommes à des amis de son père, de passage dans la capitale. Celui-ci les remboursait en maugréant et ne cessait pas de mander à son fils : « Prenez un état ou revenez avec nous. »

Mais ces secours étaient rares. Denis Diderot n'avait pas toujours de gîte et se réfugiait parfois chez des amis pendant des semaines entières. Il connut la faim. Ne dut-il pas se nourrir un jour d'une rôtie de pain, trempée dans du vin, que lui offrit son hôtesse, tandis qu'il s'évanouissait d'inanition devant elle?

Un moment il rencontra la quiétude et presque l'opulence. Il devint le précepteur des fils du banquier Randon. Hélas ! Il souffrait de vivre dans une

étroite dépendance. Il maigrissait et jaunissait dans sa cage dorée. Il s'en évada au bout de six mois.

Ainsi, tour à tour enseignant pour vivre et vivant pour apprendre, il menait depuis dix ans cette existence de misère et d'étude lorsqu'il découvrit ses voisines.

Les conseils de sa logeuse, au lieu de l'éloigner des deux femmes, accrurent son désir de se rapprocher d'elles. Les obstacles l'excitaient. On cite un trait de son enfance où apparaît déjà cette fougue tenace qui l'emportait, à travers les difficultés, jusqu'au bout de ses entreprises. Au collège de Langres, il se querelle avec un de ses camarades. Il est puni d'expulsion. C'est la veille de la distribution des prix. Or, il a obtenu tous ceux de sa classe. L'idée de ne pas les rapporter à ses parents lui est insupportable. A l'heure de la cérémonie, il se glisse dans la foule qui pénètre dans le collège. Le suisse l'aperçoit, le poursuit, et l'atteint au côté d'un coup de sa hallebarde. L'enfant lui échappe,

prend place, reçoit ses récompenses et rentre chargé de livres et de couronnes. Seulement, le dimanche suivant, jour de grande toilette, on s'aperçut qu'il avait une plaie au flanc. Il n'en avait pas soufflé mot.

Patiemment, Denis Diderot parvint à échanger avec ses voisines de ces menus services qu'on se rendait alors de porte à porte : on se prêtait de l'eau, du feu, de la lumière. Comme elles évitaient de sortir le soir, il s'offrit même à faire pour elles de petites courses dans le quartier. Mais là se bornaient ses progrès. Elles continuaient de le tenir à distance, de lui fermer l'intimité de leur logis.

Aussi l'impétueux Denis ne rêvait plus que d'y pénétrer. C'est alors qu'il recourut à un stratagème. Déjà il en avait usé avec succès. Voici comment. Un carme déchaussé, le frère Ange, originaire de Langres, recrutait pour son couvent des jeunes gens bien nés, mais prodigues. Ainsi se flattait-il de les réconcilier avec leur famille et de jeter du lustre sur sa maison. Travaillé par lui, Denis Diderot feignit d'être conquis, tout prêt à entrer au couvent. Mais il imagina de grands embarras, dont il se laissait

lentement arracher l'aveu : il manquait de livres et de linge ; il tenait à acquitter ses dettes ; il devait rompre avec une maîtresse qu'il ne voulait pas laisser choir au ruisseau, dont il lui fallait assurer le sort. Brûlant d'un zèle impatient, sûr d'être remboursé par le maître coutelier, le frère Ange lui avançait successivement les sommes nécessaires. Sur quoi, Denis découvrit qu'il n'avait décidément pas la vocation monastique et qu'il ne voulait pas être carme.

Le père paya le moine mais le tança dur : « Vous m'avez appris ce que peut-être je n'aurais jamais su sans vous, c'est qu'un homme d'âge mûr et d'une expérience consommée pouvait se laisser attraper comme un enfant par un écolier. »

On sait que notre morale est devenue très rigoureuse, surtout lorsque nous l'appliquons aux autres. Aussi notre époque a-t-elle très sévèrement jugé cette ruse, que les familiers du philosophe appelaient bonnement un tour de page, une espièglerie. Diderot lui-même n'en rougissait pas. Ne l'a-t-il pas contée à sa fille, Mme de Vandeul ? Elle la rapporte dans les charmants *Mémoires* qu'elle a consacrés à la vie de son père. On a parfois mis en doute l'authenticité de ces pages si tendrement, si pieusement indulgentes. Pour moi, j'y trouve un accent filial qui sonne vrai et que l'on ne peut guère imiter.

Denis Diderot usa donc à nouveau de ce subterfuge afin de pénétrer chez ses voisines. Il leur apprit qu'il se destinait à l'état ecclésiastique, qu'il allait entrer au séminaire de Saint-Nicolas. Il devait auparavant réunir un trousseau. Consentiraient-elles à s'en charger?

A vrai dire, il avait bien failli devenir prêtre. A treize ans, lorsqu'il était élève au collège de Langres, il avait reçu la tonsure. Puis, pendant deux ans, il avait porté la robe des clercs. Un de ses oncles, qui était chanoine, avait marqué, jusqu'à sa dernière heure, sa volonté de l'avoir pour successeur. Toute sa famille épousait ce vœu. Et lui-même, adolescent enthousiaste, sensible et prompt, avait fort bien pu croire un moment à sa vocation religieuse.

Mme Champion et sa fille étaient pieuses. La profession choisie par leur voisin les rassura pleinement sur lui. Elles cessèrent de fermer leur porte au futur séminariste. Elles la lui ouvrirent d'autant plus volontiers qu'il leur avait plu dès le premier abord.

Il connut leur histoire. Mme Champion, née de Malville, était originaire du Maine. Elle avait épousé par amour un manufacturier en étamine que la spéculation avait perdu et qui avait survécu de peu à sa ruine. Veuve, Mme Champion partit pour Paris avec sa petite fille Anne-Antoinette, qu'on devait plus tard appeler Nanette. Hébergée par une amie, elle plaça l'enfant au couvent des Miramionnes. C'est dans cette maison que Nanette apprit la couture et la broderie. Elle en sortit à seize ans. Depuis cette époque, les deux femmes vivaient de leur travail, paisibles et cachées.

Denis Diderot rendit d'abord visite à ses nouvelles amies plusieurs fois par semaine. Bientôt, il passa avec elles toutes les soirées. Heures délicieuses, qu'il attendait tout le reste du jour. Quinze ans plus tard, Diderot s'inspirera de cette idylle dans sa pièce *Le Père de Famille*. Il s'y peindra sous les traits de l'impétueux Saint-Albin, épris de sa jeune voisine, dont l'image le suit partout. Loin de la présence aimée, Diderot pouvait s'écrier comme Saint-Albin : « Je ne pensais, je ne rêvais qu'elle ».

Mais les gens heureux n'aspirent qu'à le devenir davantage. Bientôt, il ne se contenta plus de ces douces soirées où, sous le regard vigilant de Mme Champion, il contemplait la belle et sage Nanette. A la fois plein d'ardeur et de respect, il rêvait au moment où elle serait à lui seul, à toutes les heures de la vie, où elle deviendrait sa femme.

Il était bien naturel que ce grand expansif, après dix ans de la vie la plus vagabonde, la plus solitaire et la plus décousue, rêvât d'un foyer où régnerait la tendresse. Car, pendant ces dix années-là, il avait été aussi privé de foyer que sevré de tendresse. Il arrivait à l'escale avec le plus menu bagage d'aventures.

Oh ! je sais que le lecteur déteste ces retours sur le passé. Moi aussi. Il en éprouve un tel ennui que, d'ordinaire, il les saute. Moi aussi. Mais je

lui demande de faire violence à ses habitudes. J'insiste pour retenir son attention. N'est-il pas nécessaire de lui montrer que Denis Diderot apportait à Nanette Champion un cœur tout neuf ?

Il avait aimé, mais comme on aime à seize ans. C'est à cet âge-là que les Jésuites de Langres lui proposèrent de partir pour Paris. Certes, ils désiraient cultiver au mieux cette riche intelligence qui pourrait illustrer et servir leur maison. Mais sans doute entendaient-ils aussi l'éloigner d'une jeune fille dont il commençait à s'éprendre. Les notes données vers cette époque à l'écolier ont gardé la trace de cette alerte. Elles signalent le péril en trois mots, bien significatifs dans le langage ecclésiastique : « Trop de sensibilité », disent-elles.

Elle mourut jeune, celle qui avait éveillé son cœur. Bien des années après, dans un voyage à Langres, Diderot rencontra une des amies de la disparue. Ils se promenèrent ensemble, en parlant d'elle. Et comme ils passaient devant le cimetière, cette femme, sans un mot, tourna la tête et lui désigna de la main l'endroit où reposait son premier amour.

Plus tard, au temps de sa pauvre et libre jeunesse, il lutinait Mlle Babuti, une petite libraire du quai des Augustins, poupine, droite comme le lis et vermeille comme la rose. Il entrait vivement dans sa boutique et s'amusait à lui demander des ouvrages libertins. Elle s'indignait en riant, déclarant qu'on n'a point, qu'on ne lit point de ces vilenies. Jouant la surprise, il feignait d'ignorer que ces livres fussent des vilenies. Tel était le ton de leurs assauts innocents. Et quand il repassait au prochain jour devant le magasin, elle souriait. Lui aussi.

Diderot a conté cette petite scène dans son *Salon* de 1765, à propos d'un portrait de Mme Greuze par son mari. Car Mlle Babuti devint Mme Greuze. Le peintre l'épousa par amour. Mais cette femme adorée, dont il immortalisa les traits sur maintes toiles, le rendit très malheureux.

Nous ne pouvons pas l'ignorer : Greuze, méditant une séparation juridique, a rempli de ses infortunes conjugales tout un gros Mémoire, parvenu jusqu'à nous. Et le bon Diderot lui-même a fini par perdre ses illusions sur elle. Dans une lettre de 1767 à son ami le sculpteur Falconet, alors en Russie, il renonce au projet d'y envoyer Greuze, à cause de sa femme : « Sa femme est, d'un consentement unanime, et quand je dis unanime, je n'en excepte ni le sien ni celui de son mari, une des plus dangereuses créatures qu'il y ait au monde. » Hélas ! Voilà ce qu'il était advenu de Mlle Babuti, si poupine, droite et rose.

Si le jeune Denis Diderot évita les aventures faciles, c'est aussi qu'il fuyait, par souci de santé, les femmes galantes et le péril de leurs faveurs. Il en a fait l'aveu. « Que la Vénus des carrefours m'est hideuse ! » écrit-il. De son temps, dans toutes les classes de la société, on s'exprimait plus ouvertement qu'aujourd'hui sur le risque du plaisir. On lui attachait l'importance qu'il a. On n'obéissait pas à cette incroyable pudibonderie qui met le bâillon sur toutes les bouches, le bandeau sur tous les yeux et qui coûte davantage que la plus toxique des guerres.

Diderot a confessé deux circonstances où il échappa au danger par miracle et qui lui enlevèrent toute vélléité de l'affronter à nouveau. Il ne s'en souvenait pas « sans avoir la chair de poule ».

Un soir, un de ses amis, le fils du fameux horloger Le Roi, l'emmène souper dans une maison frivole. Denis avait de la jeunesse, de la gaieté, une folle fantaisie. Assis à côté de la maîtresse du lieu, il lui plut. Elle ne le lui laissa pas ignorer. Il resta seul avec elle. Déjà il assistait à son déshabillé, quand on heurta violemment à la porte. Le jeune Le Roi, ne voyant pas redescendre son ami, revenait à toutes jambes afin de lui apprendre le fâcheux état de la dame. Il était temps.

Une autre fois, il logeait juste au-dessous d'une femme entretenue. Il fit connaissance avec elle un jour qu'il faisait très chaud. Elle était étendue, languissante et peu vêtue. Il s'aperçut qu'elle était belle, le lui dit et s'apprêtait à appuyer son éloge quand, défendant ses charmes de sa main, elle l'arrêta tout court. Elle lui avoua qu'elle lui voulait du bien, mais qu'elle n'était pas sûre d'elle. Prête à lui complaire, elle craignait qu'il n'eût à s'en plaindre. Mais un grand benêt de voisin la pressait depuis longtemps. Elle lui céderait. Et bientôt elle saurait si elle pouvait accorder ses faveurs sans péril. Le grand benêt fut piteusement malade. Ainsi Dide-

rot échappa à un accident « dont la seule pensée le faisait frissonner ».

Certes, il eut bien aussi des engouements, mais sans durée ni profondeur. Ecoutez en exemple l'histoire de la Lionnais, une danseuse de l'Opéra dont il se croyait épris. Justement, un de ses amis demeurait en face de la ballerine. Un jour, notre soupirant la vit s'habiller, fenêtre ouverte. Elle passa ses bas blancs et, soigneusement, elle en effaça les taches avec de la craie. Ce prosaïque détail suffit à désenchanter l'amoureux. Il racontait plus tard à sa fille que chaque tache enlevée diminuait sa passion et qu'à la fin de la toilette, son cœur était aussi net que les bas de la Lionnais.

En réalité, son cœur n'était pas en jeu. Dans ces passionnettes d'un jour, son imagination fougueuse et sensible tenait le grand rôle. Ces petits drames se jouaient dans sa tête et non pas dans son cœur.

Cependant ses deux voisines s'étonnaient à bon droit : plus approchait la date de son entrée au séminaire et moins il en parlait... Denis Diderot comprit qu'il ne pouvait pas ruser plus longtemps. Il résolut de jeter le masque, d'autant plus que, d'après de menus indices, il espérait ne pas déplaire : le regard, le visage de Nanette s'éclairaient lorsqu'il entrait ; visiblement, elle l'attendait ; elle portait intérêt à tout ce qui le touchait ; au risque d'user ses yeux sur de trop fins ouvrages, elle prolongeait la soirée, le seul moment où ils fussent réunis.

Profitant d'une absence de Mme Champion, il avoua son stratagème et se déclara. Il ne voulait pas prendre les ordres, il voulait prendre femme. Il fut d'autant plus éloquent qu'il avait dû plus longtemps se taire. Le fleuve rompait ses digues. Nanette fut entraînée par ce torrent. A son tour, elle parla selon son cœur. Plusieurs commerçants l'avaient demandée en mariage. Elle les avait repoussés, car elle ne voulait épouser que l'homme qu'elle aimerait. Timidement, elle se félicita d'avoir attendu... Ils connurent ce soir-là le moment peut-être le plus exquis de l'amour : l'aveu d'une mutuelle tendresse.

Tout aussitôt, les obstacles surgirent. Mme Champion chapitra sa fille. Quoi ? Epouser cette tête chaude, ce garçon débraillé qui n'avait pour ainsi dire pas de métier ? Quelle folie ! Sans doute il lui avait tourné la cervelle, avec de belles paroles. Ah ! certes, il était grand parleur. Mais il en était de son éloquence comme de ces pièces d'artifice qui jaillissent en cascades dorées et dont il ne reste rien, la mèche éteinte et la nuit retombée.

Mère vigilante, elle mettait Nanette en garde contre cette prestigieuse parole avec d'autant plus de force qu'elle en subissait elle-même la séduction. Au fond, elle était conquise. Sa résistance dura peu. Elle se rallia vite au parti des amoureux. Seulement tous trois tombèrent d'accord que le jeune homme partirait pour Langres afin d'en rapporter ses papiers et surtout le consentement de ses parents.

Or, Didier Diderot, père de Denis, restait, après douze ans, fidèle à ses vues : « Prenez un état, ou revenez avec nous. » Il espérait toujours que l'enfant prodigue rentrerait au bercail. Même, il mûrissait pour lui un projet de mariage dans sa ville natale. Lorsqu'il apprit que son fils, non seulement n'avait pas pris d'état, mais encore se proposait d'épouser une lingère à Paris, il jeta feu et flamme et le menaça de le maudire s'il ne renonçait pas à cette extravagance.

Il fit davantage. Il tenta d'agir directement sur les deux femmes. Le 1er février 1743, il écrivit à Mme Champion une lettre récemment retrouvée, où il se plaint que son fils ait brusquement passé des sollicitations aux menaces et des menaces aux effets, où il déclare qu'il le déshéritera s'il persiste dans ce projet de mariage. Puis, dans cette même lettre, il essaye d'un autre moyen d'intimidation : « J'ai cru devoir prendre des précautions contre un emportement si funeste pour votre fille. Si mademoiselle votre fille est aussi bien née et l'aime autant qu'il croit, elle l'exhortera à renoncer à sa main ; ce n'est qu'à ce prix qu'il recouvrera sa liberté ; car, à l'aide de mes amis qui ont été indignés de sa hardiesse, je l'ai fait mettre en lieu sûr et nous avons, je crois, plus de pouvoir qu'il n'en faut pour l'y conserver jusqu'à ce qu'il ait changé de sentiment. »

Didier Diderot n'exagérait-il pas un peu ? Etait-il passé lui-même des menaces aux effets ? Peut-être quelque frère Ange lui promettait-il tout simplement d'attirer bientôt Denis dans un couvent ? Peut-

être le maître coutelier avait-il obtenu une de ces innombrables lettres de cachet que les pères de famille réclamaient volontiers contre un fils trop dissipé, afin de le contraindre à la retraite et à la réflexion ? L'ayant obtenue, avait-il fait réellement enfermer son fils ? Pour moi, je ne le crois pas. Mais le mystère subsiste.

En tout cas, Didier Diderot atteignit le but qu'il s'était proposé. Il découragea les deux femmes. Nanette décida de renoncer à un projet que le père de Denis repoussait si violemment. Elle ne voulait pas entrer de force dans une famille dont on aurait tenté d'abord de l'écarter. Peut-être pensait-elle aussi, comme l'écrivait le maître coutelier, qu'elle servirait l'intérêt de Denis et qu'elle lui donnerait la plus grande preuve d'amour en renonçant à lui. Elle résolut de ne plus le voir.

On imagine le cri de l'amoureux lorsqu'elle lui signifia sa résolution. Ce fut une explosion. Il supplia. Il rugit. Il pleura. En vain. Nanette tint ferme.

Et puis, un jour, les deux femmes apprirent qu'il était malade, dans sa niche solitaire. Car ils ne logeaient plus sous le même toit. Il habitait rue des Deux-Ponts. Elles habitaient rue Poupée. Personne ne soignait Denis Diderot. Personne ne lui apportait même de tisane. Il maigrissait. Il dépérissait. Du coup, toutes leurs roides résolutions s'écroulèrent. Elles accoururent à son chevet. Elles devinrent ses gardes-malades. Et pour hâter sa guérison, on lui promit le mariage.

Ah ! Ça ne traîna pas. Dès sa première sortie, il fit publier un ban, il acheta la dispense des deux autres. En même temps, il obtenait l'autorisation de se marier, non pas à l'église Saint-Louis sa paroisse, ni à l'église Saint-Séverin, paroisse de Nanette, mais à Saint-Pierre-aux-Bœufs, où l'on célébrait volontiers les mariages de minuit.

Ces mariages étaient fort réguliers. Ce n'étaient même pas des mariages clandestins. On se mariait à minuit pour les raisons les plus disparates. Les uns par besoin de faste et d'originalité. D'autres au contraire pour cause de deuil. D'autres encore par crainte d'un scandale, d'un charivari.

Pour Diderot, qui se mariait à l'insu de sa famille, le mariage de minuit devait être surtout un

mariage discret, un mariage qui passe inaperçu. C'est, en effet, le plus modestement du monde qu'il s'unit, le 6 novembre 1743, à Nanette Champion, deux ans après l'avoir croisée pour la première fois dans l'escalier.

II

MADAME DE PUISIEUX

Diderot connut-il Mme de Puisieux pendant le premier voyage de sa femme à Langres? Les *Mémoires* de Mme de Vandeul l'affirment. Certains historiographes le nient. C'est encore un mystère. Nous en verrons bien d'autres. N'est-ce point stupéfiant, de rencontrer tant de points obscurs dans l'existence d'un homme qui fut célèbre de son vivant, d'un homme dont cent cinquante ans à peine nous séparent, d'un homme à qui l'on a précisément reproché de trop se raconter dans ses livres, de trop se mettre en scène ? Quand on suit l'existence de Diderot, on a l'impression de cheminer sur une de ces routes de montagnes qui bordent un torrent tumultueux et qui, parfois, passent en tunnel. Par moments, on avance dans la nuit. Mais on ne cesse pas pour cela d'entendre le tumulte du torrent.

D'ailleurs, Mme de Vandeul n'était pas née lors du premier voyage à Langres, ni lors de la rencontre avec Mme de Puisieux. Elle n'a pu connaître ces deux événements que par les confidences de ses parents. Peut-être a-t-elle obéi à leur suggestion ou même au simple instinct filial, en situant la première infidélité du mari dans la première absence de la femme. Du même coup, elle atténuait la faute de son père et elle ménageait l'amour-propre de sa mère.

Renonçons donc à savoir si ces deux événements coïncident et retenons seulement l'essentiel de l'un et de l'autre. L'histoire du premier voyage à Langres a ceci d'aimable qu'elle nous montre un Didier Diderot dont la rigueur fléchit, dont l'humeur s'humanise.

Il a reçu de ses amis parisiens les plus fâcheux rapports sur son fils. Comme le mariage de Denis est resté secret, les apparences lui sont contraires et les méchants ont beau jeu : il vit avec deux femmes ; il a des bâtards. La naissance, les mœurs, le caractère de Nanette ne sont point épargnés. Mais cette fois, le maître coutelier ne se roidit pas d'indignation. Il se penche. Il veut savoir. Il écrit à son fils. Voyons, oui ou non, est-il marié ? Oui ou non a-t-il des enfants ? S'il en a, qu'il les fasse voir, ces petits, que diable ! Le geste n'est-il pas charmant ?

Sa dure enveloppe cachait un cœur tendre. Certains traits de sa vie l'avaient déjà décelé. Ainsi, lorsque Denis était entré chez les Jésuites de Paris, son père ne s'était pas borné à l'accompagner. Il était resté toute une quinzaine dans une auberge où il périssait d'ennui, simplement pour s'assurer que son fils s'accommodait de sa nouvelle vie et pour pouvoir le remmener dans le cas contraire.

Ecoutez le ton de sa lettre à ce fils dont on lui dénonçait les désordres : « Je vous préviens que vous ne recevrez jamais de preuves de mes bonnes grâces que vous ne m'ayez marqué au vrai et sans équivoque si vous êtes marié comme on l'a écrit de Paris et que vous avez deux enfants. Si ce mariage est

légitime et que la chose soit, j'en suis content ; je compte que vous ne refuserez pas à votre sœur le plaisir d'élever ces enfants et à moi celui de les voir. »

Denis Diderot jugea que, pour se justifier près des siens, il n'aurait pas de meilleur avocat que Nanette elle-même. Il les prévint qu'il la mettait dans le coche.

A Langres, Denise, la sœur de Denis, attendait la jeune femme au saut de la voiture. Gaie, pieuse, active et résolue, elle était restée fille pour se vouer au foyer paternel. Elle adorait son frère Denis, son compagnon d'enfance, qui le lui rendait bien. Par attachement pour lui, elle fit grand accueil à sa belle-sœur. Toutefois, la première soirée fut glacée, au logis familial, dans la petite maison de la Place Chambeau.

Mais Denis Diderot avait vu juste. Dès le lendemain, la figure de Nanette, sa piété, son sens filial, et plus encore peut-être, ses vertus ménagères, dissipèrent toutes les préventions et gagnèrent tous les cœurs. Elle devait passer quelques jours à Langres : elle n'en partit qu'au bout de trois mois,

comblée de présents. Et Didier Diderot rétablit la pension dont il avait privé l'enfant prodigue.

Quand Diderot rencontra Mme de Puisieux, elle avait de vingt-cinq à trente ans. Déjà, au dix-huitième siècle, il était difficile de connaître exactement l'âge d'une jolie femme. Son mari était avocat au Parlement. Dans un de ses livres, intitulé *Conseils à une amie*, elle confesse que « devant la tentation d'une berline bien dorée, d'une belle livrée, de beaux diamants, de jolis chevaux, elle aurait épousé l'homme le moins aimable pour avoir la berline, les diamants, mettre du rouge et des mules. » Peut-être a-t-elle épousé M. de Puisieux pour ces raisons-là.

Elle avait de petits talents. Elle dessinait, elle jouait du clavecin. Mais c'était surtout une mondaine de lettres, une de ces femmes qui aiment s'entourer d'écrivains avec l'arrière-pensée d'écrire à leur tour. A force de se frotter à eux, elles se sentent grosses de quelques livres. « Après tout, disent-elles, pourquoi pas moi? » Cette espèce est de tous les siècles.

Lorsqu'une de ces Egéries intéressées décide de séduire un auteur dont elle a discerné le talent, elle est sûre d'y parvenir. Comment voulez-vous qu'il lui échappe ? Ils combattent avec des armes trop inégales. Elle a les mêmes dons que lui : les prestiges de l'esprit et de la parole. Et elle a de plus ses dons à elle, tous ses attraits féminins, sa coquetterie, et la supériorité mondaine.

Il est certain que Mme de Puisieux a joué ce rôle actif et prépondérant, qu'elle a recherché, investi et séduit Diderot. Lui-même le marquera dans ses propos, lorsque l'orage grondera entre eux, à ce moment mélancolique où les amants désunis se disent ce qu'ils ont sur le cœur et non plus ce qu'ils ont dans le cœur. « Prenez-y garde, vous vous défigurez dans mon cœur; il y a là une image à laquelle vous ne ressemblez plus ; vous n'êtes plus celle qui m'engageait malgré moi, je cesserai d'être ce que je suis. »

Ces sortes de femmes sont utiles en ce sens qu'elles contraignent un écrivain nonchalant à se

réaliser, à sortir une œuvre. Sans elles, son talent se serait peut-être émietté en petits articles, évaporé en causeries d'estaminet.

Mais elles sont déplorables quand elles se mêlent d'écrire. Car alors elles appellent leur grand homme à l'aide. Il lit. Il demeure atterré : la forme, le fond, tout serait à reprendre. Et alors, de deux choses l'une : ou bien le malheureux perd un temps démesuré à cette tâche surhumaine ; ou bien, découragé d'avance, il se borne à quelques retouches dont la dame ne lui sait pas suffisamment gré.

Diderot révisa donc les livres de Mme de Puisieux. « Elle écrivit, nous dit un bibliophile, le marquis de Paulmy, des romans et de petits traités de morale qui furent au moins passables tant qu'elle resta l'amie de Diderot. »

Elle-même fait allusion à l'aide de Diderot dans son livre *Les Caractères*, où l'empreinte de l'écrivain apparaît, en effet, dans des traits malheureusement isolés. Mais comme elle publia ce volume après sa rupture avec Diderot, elle crut devoir, tout en se targuant de son appui, le tourner en dérision. C'était sa façon de l'en remercier : « Monsieur D…

me menace de me priver de ses conseils ; je ne sais quelle est sa bizarrerie, car je les écoute avec toute l'attention qu'ils méritent et, pourvu que je n'efface point, je suis toujours de son avis. »

Quand Mme de Puisieux volait de ses propres ailes, elle volait très bas. Ses vers étaient particulièrement médiocres. Un moment, le bruit courut qu'elle serait embastillée pour avoir écrit un libelle intitulé *Le Pater*. Elle se défendit d'en être l'auteur, dans un poème aussi humble d'esprit que de forme :

Jamais d'une coupable audace
A ma Muse je n'ai permis
Contre des personnes en place
De décocher des traits hardis.

Mais ne nous attardons pas davantage aux œuvres de Mme de Puisieux. Arrivons à celles que Diderot écrivit sous son influence. A la vérité, elle ne le poussait pas au travail uniquement pour qu'il affirmât son talent dans des ouvrages durables. Elle prenait à l'entreprise un intérêt plus étroit. La gloire était pour lui, les droits étaient pour elle.

Mme de Vandeul, dans ses *Mémoires*, le raconte bien ingénument : « Mme de Puisieux était pauvre ; elle demanda de l'argent à mon père ; il publia l'*Essai sur le Mérite et la Vertu*, vendit cet ouvrage cinquante louis et les lui porta. »

Ce n'était encore qu'une traduction libre d'un philosophe anglais. Mais Mme de Puisieux lui donna très vite l'occasion d'écrire un premier ouvrage vraiment original. En effet, « bientôt elle lui demanda une nouvelle somme ; il publia *Les Pensées philosophiques*, les vendit cinquante louis et les lui porta. »

Cet ouvrage fut écrit en trois jours, du Vendredi-Saint au dimanche de Pâques. Bien que l'athéisme n'y parût point encore, il fut condamné au feu par le Parlement, en juillet 1746.

Peu après, Diderot eut l'imprudence de prétendre, devant Mme de Puisieux, que les légers romans de Crébillon, alors en pleine vogue, étaient faciles à imiter. Il suffisait, disait-il, de développer en libertinage une idée plaisante. Son amie le défia de produire un ouvrage de ce genre. Quinze jours plus tard, nous dit Mme de Vandeul, « il lui porta *Les Bijoux indiscrets* et cinquante louis ».

Diderot a souvent déploré d'avoir écrit *Les Bijoux indiscrets*. « Ce sont des intempérances de l'esprit qui lui ont échappé », écrira-t-il au lieutenant de police Berryer. A la fin de sa vie, il assurait à son ami Naigeon « que s'il était possible de réparer cette faute par la perte d'un doigt, il ne balancerait pas d'en faire le sacrifice ». Mais il avait l'âme excessive.

N'avait-il pas d'illustres prédécesseurs, qui avaient dû voiler aussi la satire sous le libertinage? Il l'indique lui-même, dans un autre *mea culpa*, dans la dédicace à Mme de Prémontval d'austères *Mémoires de mathématiques*. « Je n'opposerai pas à vos reproches l'exemple de Rabelais, de Montaigne, de Swift, et de quelques autres que je pourrais nommer, qui ont attaqué, de la manière la plus cynique, les ridicules de leur temps et conservé le titre de sages... Sans perdre le temps en apologie, j'abandonne la marotte et les grelots, pour ne les reprendre jamais. »

Ayons donc plus d'indulgence pour lui que lui-même. N'était-il pas dans le ton de l'époque? Les femmes ne lui pardonneront-elles pas d'avoir donné

le nom de bijou à l'endroit le plus précieux d'elles-mêmes? N'est-ce pas une idée charmante de lui avoir, sous la robe, prêté la parole? Le plus grand reproche que doive encourir cet ouvrage, c'est d'être traité à la façon des contes orientaux et d'en présenter les longueurs.

L'année suivante, nous apprend encore la fille de Diderot, « de nouveaux besoins de Mme de Puisieux l'engageaient à publier la *Lettre sur les aveugles* ». Mais cette fois, comme on va voir, l'aventure tourna mal pour la dame et pour lui-même.

Il faut dire que, depuis quelque temps déjà, il était guetté, surveillé. Deux ans plus tôt, Pierre Hardy, le curé de Saint-Médard, sa paroisse, l'avait dénoncé au lieutenant de police comme « bel esprit et trophée d'impiété ». A la même époque, un exempt adressait à ce magistrat un rapport contre « ce misérable Diderot, homme très dangereux qui parle des saints mystères de notre religion avec mépris ». L'un et l'autre ajoutaient que Diderot ache-

vait des ouvrages encore plus pernicieux que ceux dont il était déjà l'auteur.

Or, le bon Diderot, qui s'intéressait au sort des aveugles, fut invité à voir, chez M. de Réaumur, un aveugle-né, récemment opéré de la cataracte et dont on allait lever le bandeau. Les premières impressions d'un homme qui découvre l'univers ne manqueraient pas d'être curieuses. Mais dès que le sujet commença de parler, Diderot s'aperçut qu'il ne voyait pas pour la première fois. En effet, on avait offert la primeur de l'expérience à Mme Dupré de Saint-Maur, grande amie du Ministre de la Guerre, le comte d'Argenson.

Diderot, fort déçu, sortit en déclarant qu'on avait mieux aimé comme témoins de beaux yeux sans conséquence que des yeux dignes de juger. Et il tint à le répéter, noir sur blanc, dès les premières lignes de sa fameuse *Lettre sur les Aveugles*, qu'il publia peu après.

Mme Dupré de Saint-Maur avait des prétentions à la science. Elle s'offensa d'un propos plus flatteur pour la beauté de ses yeux que pour l'autorité de son jugement. Elle s'en plaignit à son ami le ministre.

Et, le 24 juillet 1749, au matin, un commissaire et trois argousins, après avoir minutieusement fouillé les papiers de Diderot, le conduisirent au donjon de Vincennes.

Mme Diderot ne connut l'arrestation que par surprise. Dans une chambre voisine, elle habillait son petit garçon. Afin de ne pas l'inquiéter, Diderot lui dit qu'il se rendait chez son éditeur. Par hasard, elle se pencha à la fenêtre. Elle vit trois hommes jeter son mari dans un fiacre et repousser un apprenti qui voulait lui tendre une épreuve d'imprimerie.

Diderot expiait-il uniquement le crime d'avoir déplu à Mme Dupré de Saint-Maur? Nullement. Rien n'est simple. Les multiples raisons de son arrestation apparaissent à la lecture de son interrogatoire par le lieutenant de police Berryer, au donjon de Vincennes.

Certes, en le jetant en prison, on fait plaisir à une jolie femme. Et c'est une occasion qu'un ministre ne laisse guère échapper. Mais surtout on met la main sur l'homme qu'on surveille depuis deux ans, l'homme qui scandalise et qui inquiète.

Berryer, dans cet interrogatoire, demande à Diderot s'il se reconnaît l'auteur des *Bijoux indiscrets*, des *Pensées Philosophiques*, de la *Lettre sur les Aveugles*. On poursuit donc bien en lui l'audacieux et le libertin, l'homme qui scandalise.

Mais c'est aussi l'homme qui inquiète. Car Berryer lui demande également s'il n'a pas composé des livres appelés *La Promenade du Sceptique* et *L'Oiseau blanc, conte bleu*. Ces ouvrages n'ont pas encore paru. Mais le bruit court qu'ils contiennent des allusions au Roi, à Mme de Pompadour. Il faut donc les saisir, les étouffer au nid, les empêcher de prendre leur vol.

Et ce sont encore ces deux ouvrages que Berryer presse Mme Diderot de lui livrer, afin, dit-il, de hâter la libération du prisonnier. Car, dès l'arrestation de son mari, elle a couru chez le lieutenant de police.

J'ajoute que Berryer ne put rien tirer d'elle. Il s'aperçut très vite que Mme Diderot était une ménagère modèle, mais qu'elle ignorait tout des travaux de son mari. Ainsi, comme il lui parlait, par erreur, non pas de l'*Oiseau blanc*, mais du *Pigeon blanc*, elle lui déclara qu'elle ne connaissait à la maison ni pigeon blanc ni pigeon noir. Il la congédia en lui promettant qu'elle aurait bientôt la permission de voir son mari.

Cette permission tarda, bien que Diderot l'eût sollicitée de son côté dans une lettre au ministre d'Argenson. « J'ai laissé à la maison une femme désolée, un enfant au berceau. Ils ne subsistent que par moi, je leur manque. Que vont-ils devenir? Permettez à cette femme de descendre dans ma prison. » Mme Diderot ne fut autorisée à voir son mari qu'au vingt-huitième jour de sa captivité.

Pendant le mois où il resta au secret, Diderot, pour tromper l'ennui, résolut d'écrire. Il n'avait pas de papier. Mais on lui avait laissé un volume du *Paradis perdu*, de Milton. Il couvrit les interlignes et les blancs de réflexions que lui inspiraient le poème et sa propre situation. Quant à la plume et l'encre, il les avait fabriquées lui-même. Et comme il pensait toujours aux autres, il voulut léguer sa recette à ses successeurs. Il inscrivit au-dessus de la porte : « On fait de l'encre avec de l'ardoise réduite en poudre très fine et du vin, et une plume avec un cure-dent. » Plus tard, on lui donna des cahiers, où il nota surtout ses observations sur l'*Histoire naturelle* de Buffon.

Au bout d'un mois, la discipline se détendit. Le prisonnier fut transféré du Donjon au Château. Le gouverneur, le marquis du Châtelet, le traita dignement, lui offrit sa table, l'autorisa à recevoir des visites et même à se promener dans le parc.

Mais ce n'était tout de même pas la liberté. Au moment de l'arrestation de Diderot, le premier volume de l'*Encyclopédie* était prêt à paraître. J'aurai l'occasion de revenir sur cette entreprise formidable, qui fait corps, pour ainsi dire, avec le philosophe, puisqu'il l'anima de son souffle pendant près de trente ans. Comme il n'y pouvait guère travailler en prison, le sort de l'ouvrage risquait d'être compromis. Diderot s'adressa de nouveau au comte d'Argenson qui avait précisément accepté, quelques années plus tôt, la dédicace de l'*Encyclopédie*. Il observa « qu'il était l'éditeur de l'*Encyclopédie*, ouvrage de longue haleine, qui comporte des détails infinis auxquels il ne peut vaquer ». Les libraires qui devaient le publier appuyèrent de deux requêtes, très curieusement motivées, la demande de Diderot. Il fut

libéré le 3 novembre 1749. Il avait été retenu à Vincennes pendant cent jours.

Pendant ces cent jours, Mme de Puisieux lui avait plusieurs fois rendu visite. C'était bien le moins. N'expiait-il pas, en particulier, la *Lettre sur les Aveugles*, qu'il avait écrite dans l'intérêt de sa maîtresse? Elle aurait même pu pousser plus loin la reconnaissance et s'abstenir, par exemple, de nouer une nouvelle intrigue amoureuse pendant qu'il était en prison. Mais la délicatesse n'était pas son fort. Elle coquetait avec un robin. Et Diderot ne l'ignorait pas. Ce sont les gens enfermés qui savent le mieux ce qui se passe dehors.

Un jour qu'elle arrivait en grande parure, il lui demanda la raison de ces atours et de ces apprêts. Elle répondit qu'elle devait assister à une fête à Champigny. Il insinua que le robin pourrait bien être de la partie. Indignée, elle jura sur l'honneur qu'il ne l'accompagnait pas. Diderot ne fut pas convaincu par ce serment.

Sa liaison avec Mme de Puisieux s'était fort relâchée. Bon gré mal gré, il s'était aperçu que la dame appréciait plus ses talents que sa personne. La jalousie n'aurait pas dû le tourmenter à l'extrême. Mais cet homme ne savait pas s'arrêter à mi-côte d'un sentiment : il lui fallait toujours atteindre le sommet. Aussi résolut-il de connaître la vérité. Impatient de la découvrir, il ne tenait pas en place. La nuit le surprit dans le parc où il se démenait. Alors, à trente-six ans, il eut un geste d'écolier : il sauta le mur.

Il courut à Champigny, vit naturellement sa maîtresse au bras de son rival, repassa le mur et, pour ne pas éveiller l'attention de ses gardiens, acheva la nuit dans le parc. Il avoua d'ailleurs son équipée, dès le lendemain matin, au gouverneur, le marquis du Châtelet. Mais cette aventure et cette veillée achevèrent de le refroidir quant à la dame de lettres. Ainsi perdit-elle en lui un guide précieux en tous points. Lorsqu'il sortit de prison, Diderot était également délivré de Mme de Puisieux. Il avait recouvré toute sa liberté.

III

AVÈNEMENT DE SOPHIE VOLLAND

Sept ans ont passé depuis que Diderot a quitté la prison de Vincennes.

Sa renommée s'est étendue, fortifiée. Il la doit surtout à l'*Encyclopédie* qui, triomphant de toutes les traverses, accueillie avec une faveur incroyable, va parvenir à son septième volume. Il la porte tout entière dans sa tête. Cet homme est un volcan d'idées. Il les répand avec un éclat, une abondance, une chaleur qui ne fléchissent pas. C'est plaisir de l'entendre. Parmi la haute société qui sourit aux doctrines nouvelles, on fête en lui le causeur autant que l'écrivain.

Écoutez Mme d'Épinay, aimable incarnation de

cette noblesse affranchie. Cette année-là, en 1756, elle n'a pas encore rencontré Diderot. Mais elle brûle de le connaître. « Je l'ai ouï citer quelquefois comme un homme de génie. On le met souvent à côté de Voltaire. Ses amis prétendent qu'il est infiniment plus profond. C'est surtout de son caractère qu'ils sont enthousiastes. »

Il passe, à la cour, pour un esprit turbulent, frondeur, « qui mettrait le feu aux quatre coins du royaume ». Mais cela n'effraie pas Mme d'Épinay, tout au contraire. Et son désir de l'apprivoiser est d'autant plus vif que « c'est un ours bien plus difficile à prendre que Rousseau ».

Chez le baron d'Holbach, dans ses salons de la rue Saint-Roch ou dans son château du Grandval, « où, dit Grimm, tous les gens de lettres d'une certaine réputation allaient d'amitié », Diderot était le plus choyé, le plus fêté. Dans ce milieu où brillaient tant de philosophes, on l'appelait le Philosophe.

Depuis deux ans, il habitait, au quatrième étage, rue Taranne. Lui qui n'avait fait que traverser des logis, il ne devait plus quitter cette demeure que

quelques jours avant sa mort. Au cinquième, sous les toits, il avait aménagé sa bibliothèque, son cabinet de travail.

Aujourd'hui, la percée du boulevard Saint-Germain a emporté la rue Taranne. La maison du philosophe n'existe plus. Elle se dressait à l'endroit où s'élève sa statue, vis-à-vis de la rue Saint-Benoît, en vue de Saint-Germain-des-Prés. Et, dans le grand vide ouvert, il faut imaginer, suspendu dans l'espace, ce petit cabinet « sous les tuiles » où, pendant trente ans, prodiguant sa verve et son savoir, ses bienfaits et son cœur, le philosophe Diderot n'a pas cessé d'éblouir et de se donner.

Au-dessous, régnait Nanette. Hélas ! elle avait bien changé. Un peu plus âgée que son mari, elle vieillissait plus vite que lui. L'aventure de Mme de Puisieux, la mort de sa mère, l'avaient assombrie. De l'aveu de Mme de Vandeul, qui voile pourtant si soigneusement les travers de ses parents, « son caractère devint triste, son humeur moins douce ». S'il faut en croire Diderot, cette humeur était même devenue orageuse.

Ménagère admirable, elle appréciait la sécurité

que la rente de quelques milliers de livres, versée par les libraires de l'*Encyclopédie*, apportait au foyer. Mais, tout comme au temps où Berryer l'interrogeait sur l'*Oiseau blanc*, elle restait totalement ignorante des travaux de son mari. Faute de culture, elle ne s'était pas élevée en même temps que lui. Elle s'entourait volontiers de gens à sa taille, qui voyaient en Diderot un dangereux hérétique, le craignaient sans l'admirer et le lui laissaient voir. Quant à lui, il les accueillait avec son inaltérable bonhomie.

Il ne leur restait qu'une fille, Angélique, celle qui devait devenir Mme de Vandeul. Leurs trois autres enfants, nés de 1744 à 1750, n'avaient pas vécu. Aussi Mme Diderot, tremblant que sa petite Angélique ne subît le même sort, avait-elle fait le vœu de l'habiller en blanc et de la consacrer à la Vierge. Elle entourait d'autant plus jalousement sa petite fille qu'elle craignait davantage pour elle. Au surplus, Angélique n'avait que trois ans; elle était à l'âge où l'enfant appartient presque aux seuls soins de sa mère et n'occupe pas encore une large place dans la vie de son père. Le philosophe ne devait découvrir sa fille que beaucoup plus tard.

A grands traits, tel était Diderot quand lui apparut celle qui devait être la déesse de sa vie, Sophie Volland.

Hélas ! Sophie Volland semble vraiment personnifier le mystère qui flotte autour de Diderot. Maintes circonstances de sa vie restent ignorées de nous. Qu'on en juge.

On ne sait pas exactement où et quand elle est née. Sur ce dernier point, une seule lumière : dans une lettre de 1762, Diderot rappelle à son amie qu'elle a quarante ans. Elle serait donc née vers 1722.

On ne sait pas au juste son prénom. Elle se serait appelée Louise-Henriette. Et ce serait Diderot qui l'aurait baptisée Sophie, c'est-à-dire Sagesse, pour célébrer en elle cette vertu.

On ne sait pas comment était fait son visage. Diderot a possédé deux portraits d'elle. La glace du premier fut brisée. Le philosophe devait se borner à lui envoyer des baisers à distance, en faisant « le petit bec ». L'image en était trouble. « Et cela est bien incommode quand on est loin. Je sais seulement que vous êtes là-dessous, mais je ne vous y vois pas. » Il avait fait peindre le second sur la garde d'un exemplaire d'Horace. Il regardait le portrait plus souvent et avec plus de plaisir que le livre, « bien qu'il fût enfermé dans l'auteur le plus sensé et le plus délicat de l'antiquité ». Aucun de ces deux portraits n'est parvenu jusqu'à nous.

On ne sait pas la façon d'écrire ni de penser de Sophie Volland. Car, jusqu'ici, aucune de ses lettres, pourtant aussi nombreuses que celles de Diderot, n'a été retrouvée.

On ne sait pas exactement l'année où Diderot et Sophie Volland se sont rencontrés. Là encore, il faut se reporter aux différentes lettres où le philosophe, pour marquer sa constance, atteste à son amie, après quatre ans, après huit ans, après douze ans, qu'il l'aime autant qu'au premier jour. Tous ces textes s'accordent à peu près pour placer ce premier jour en 1756.

Nous savons, il est vrai, que Diderot se lia avec la famille Volland pendant le second voyage de sa

femme à Langres. C'est Mme de Vandeul qui nous l'apprend. Son grand-père, le maître coutelier, vieux et malade, pressentant la mort, avait voulu la voir : Angélique était son unique petite-fille. Mme Diderot conduisit donc l'enfant en Champagne. Elle y resta trois mois. C'était bien imprudent. Et comme Mme de Vandeul, dans ses *Mémoires*, a placé la rencontre de Mme de Puisieux dans le premier voyage à Langres, elle ajoute, avec mélancolie, « que ces deux voyages ont été funestes au repos de sa mère ». Malheureusement, elle ne peut pas préciser, à un an près, son âge au moment de son séjour à Langres. Ainsi restons-nous dans l'incertitude.

On ne sait pas où le philosophe et son amie se sont connus. Lui-même a célébré cette première rencontre : « Nous étions seuls, ce jour-là, tous deux appuyés sur la petite table verte ». La plupart des biographes de Diderot placent cette première rencontre chez Mme de Salignac, la sœur aînée de Sophie Volland. C'est évidemment une erreur matérielle. Car, dans une lettre du 7 octobre 1760, Diderot écrit, à propos de Mme de Salignac, « qu'il est sûr de n'avoir jamais eu l'honneur de la voir ».

Et, dans sa lettre du 25 novembre 1760, il raconte à Sophie sa première entrevue avec la sœur aînée. Il n'a donc pas pu rencontrer son amie chez Mme de Salignac quatre ans plus tôt. La petite table verte était ailleurs. Elle reste mystérieuse.

Enfin, on ne sait presque rien des premiers chapitres de leur roman. Car nous connaissons surtout ce roman par les lettres de Diderot à Sophie Volland. Mme de Vandeul est rentrée en possession de ces lettres après la mort de son père. Elle les a numérotées. Il y en avait plus de cinq cents. Or, la moitié à peine est parvenue jusqu'à nous. Et, en particulier, tout le début de la correspondance a disparu.

Et cependant, malgré tant de points obscurs, nous connaissons Sophie Volland. Nous la connaissons par celles des lettres de Diderot qui ont survécu. Les tendres louanges, les actions de grâces dont il la caresse, dont il l'enveloppe, nous permettent de restituer son image. Ainsi le sculpteur, ébauchant dans le vide la statue dont il rêve, en dessine les contours invisibles de ses mains amoureuses, et la fait surgir à nos yeux.

Quand Diderot connut Sophie Volland, elle vivait avec sa mère rue des Vieux-Augustins, à Paris. Mme Volland était veuve. A la mort de son mari, sa fortune était certainement solide, puisqu'elle résistera aux assauts de son gendre, M. de Salignac, qui devait y ouvrir, vers 1760, une brèche considérable.

M. Volland, « préposé au fournissement du sel », avait pu acquérir en Champagne, à Isle-sur-Marne, d'amples terrains où il avait fait aménager un parc et construire un château, en 1732. C'est dans cette demeure que Sophie Volland séjournera près de six mois par an, de 1760 à 1770. Séparation dont Diderot ne cessera pas de souffrir et de se plaindre, mais qui nous a valu le meilleur de ces lettres dont la lecture, aujourd'hui encore, étonne et ravit.

Ce château a résisté, comme les lettres de Diderot, à l'épreuve du temps. Il est debout, presque intact. Le site n'a pas changé non plus. Ils sont tels que Diderot les a décrits. Car il séjourna deux fois à Isle. Aussi, pour tous ceux à qui sa mémoire est chère, ce pèlerinage est infiniment émouvant.

Mme Volland avait eu quatre enfants. Son fils était mort jeune. Sophie Volland avait deux sœurs, qui tiendront, l'une et l'autre, une place importante dans la vie de Diderot. Car la destinée a voulu qu'elles aient vécu successivement aux côtés de Sophie, qu'elles aient tour à tour tenu près d'elle le rôle de confidente, qu'elles aient lu, par-dessus son épaule, les lettres du philosophe.

Lorsque Diderot lia connaissance avec les Volland, Sophie avait pour compagne et pour conseillère Mme Legendre, la plus jeune des trois sœurs. Mme Legendre vivait d'autant plus volontiers à Paris que son mari habitait Châlons-sur-Marne : ingénieur des Ponts-et-Chaussées, collectionneur émérite, M. Legendre était un intolérable bourru. Sa mort, en 1770, n'arrachera à Diderot que cette oraison funèbre : « M. Legendre n'est donc plus. S'il avait voulu mourir un an ou deux ans plus tôt, il aurait été plus regretté. »

Il est vrai que, de son côté, Mme Legendre ne devait pas être une épouse de tout repos. C'était une coquette d'une espèce assez redoutable : une coquette à froid, une de ces belles inhumaines qui

aiment voir les hommes se rouler à leurs pieds, mais qui les y laissent.

Mme de Salignac, la plus âgée des trois sœurs, était aussi la plus unie, la plus posée. Elle ne prendra que plus tard, vers 1767, la place de confidente près de Sophie. Le mariage ne lui réussit guère mieux qu'à Mme Legendre. M. de Salignac disparut dans une banqueroute retentissante. Il lui laissait un fils qui dut chercher fortune à la Guyane, et une fille aveugle. A la fin de sa vie, Diderot, dans un appendice à sa *Lettre sur les Aveugles*, a cité des traits touchants de cette fine et délicieuse enfant, qui mourut à vingt-deux ans.

Quant à Sophie elle-même, elle séduisait d'abord par le contraste entre les qualités presque viriles de son esprit et ses grâces délicates, toutes féminines. Diderot souligne ce contraste d'un trait : « Ma Sophie est homme et femme quand il lui plaît. » D'une part, elle était douce, tendre, très « sensible » comme on disait alors, d'une santé fragile, parfois alarmante. D'autre part, elle avait le jugement le plus solide et le plus sensé, l'intelligence la plus lucide, une culture étendue et profonde, de la réplique et du mordant, le goût de l'étude et de la méditation, le dédain d'une vaine coquetterie, une droiture inflexible, une âpre franchise que Diderot ne cesse pas de célébrer, qu'il préfère « au poli maussade et commun de tous ces gens du monde ».

Mais Diderot n'était pas seul à la parer de tous ces dons, qu'il aurait pu lui prêter par amour. Nous avons des témoins. Ainsi M. de Villeneuve vient de passer trois mois au château d'Isle, avec Mme Volland, Mme Legendre et Sophie. Et chacun sait qu'un invité, après trois de mois de villégiature, juge ses hôtes avec une rigoureuse clairvoyance. Diderot le rencontre, l'interroge sur son séjour. Et les deux hommes tombent d'accord que Mme Legendre est ensorcelante, mais se communique peu, que Mme Volland est une femme d'un mérite rare, que Sophie a de l'esprit comme un démon, que sa franchise surtout plaît en elle, qu'elle n'a pas dû faire un mensonge volontaire depuis qu'elle a l'âge de raison.

Est-il un témoignage plus décisif que celui de Grimm, le sévère ami de Diderot? Adjurant Sophie de veiller sur sa santé, il lui écrit : « D'où vient, Sophie, cette passion de la philosophie, inconnue

aux personnes de votre sexe et de votre âge? Comment, au milieu d'une jeunesse avide de plaisir, lorsque vos compagnes ne s'occupent que du soin de plaire, pouvez-vous ignorer ou négliger vos avantages pour vous livrer à la méditation et à l'étude? S'il est vrai, comme Tronchin le dit, que la nature, en vous formant, s'est plu de loger l'âme de l'aigle dans une maison de gaze, songez du moins que le premier de vos devoirs est de conserver ce singulier ouvrage. »

J'ai indiqué pourquoi nous ignorions presque tout de « l'heureux temps de la petite table verte ». On n'a jamais retrouvé les cent et quelques lettres adressées par le philosophe à son amie au printemps de leur tendresse.

Nous savons seulement que Diderot s'éprit très vite. Car il rappelle à Sophie, dans une de ses lettres, « la passion qu'elle lui inspira le premier jour où il la vit ». Elle-même se voua tout de suite à lui. Mais cette passion naissante rencontra aussitôt des résistances. Elle souleva des tempêtes qui furent bien lentes à s'apaiser. Car leurs dernières houles déferlent encore dans les lettres qui nous ont été conservées. On peut juger par là de ces orages eux-mêmes.

Mme Legendre, qui vivait alors près de Sophie, se montra d'abord hostile à Diderot. Ils se sentaient rivaux. Mme Legendre, singulièrement attachée à Sophie, appréhendait l'ascendant que cet homme allait prendre sur elle. Lui-même était jaloux des instants, des pensées, des caresses que son amie donnait à Mme Legendre, des éloges exaltés dont elle la couvrait. Il gémissait : « Ah ! la chère sœur est à côté de vous ; vous m'oubliez, vous me négligez. » Ou bien, comme il restait loyal et bon jusque dans l'égarement, il déplorait ses reproches excessifs : « Je suis devenu si ombrageux, si injuste, si jaloux, vous m'en dites tant de bien, vous souffrez si impatiemment qu'on lui remarque quelque défaut que... je n'ose achever... Adieu, je suis fou. »

Mme Legendre s'efforça donc de détourner sa sœur de la voie où elle s'engageait. Elle lui en montra les périls. Elle lui représenta surtout l'inconstance des hommes, qu'elle tenait en grand mépris. Diderot s'indignait de ces diatribes : « Cette femme est injuste et vaine ! » s'écriait-il. Il protestait de sa constance : « Je lui prouverai, avec le temps, que les amants fidèles et constants seraient plus communs si les pareilles de ma Sophie se rencontraient plus souvent... Dites-lui que rien ne me fera changer pour vous... que j'ai atteint l'âge où l'on ne change plus de caractère. »

Au fond, il rêvait de conquérir, de gagner à sa cause cette femme « injuste et vaine ». Il écrivait à Sophie, sachant bien qu'elle montrerait ce passage à sa sœur chérie : « J'ai beau vous dire du mal de votre sœur, il faut, tout bien considéré, que ce mal soit au bord de mes lèvres et qu'il n'y en ait rien du tout au fond de mon cœur ; car je sens que c'est pour elle que j'écris tout ceci ; est-ce que, si je n'étais pas rempli d'amitié, d'estime, d'attachement pour elle, si je n'avais pas les mêmes sentiments que vous, j'aimerais tant à causer avec elle? » Il souhaitait, dans son large besoin de tendresse, de l'associer à son bonheur, de faire d'elle une alliée, une amie. On verra qu'il y parvint.

La résistance de Mme Volland fut plus ouverte et

plus vive. Même en admettant qu'une « onde de facilité » ait passé sur cette époque, on reconnaîtra que la situation de Mme Volland était assez délicate. On s'imagine son embarras, son malaise, son inquiétude, lorsqu'elle découvrit le violent attrait qui précipitait l'un vers l'autre sa fille et Diderot.

Certes, il était célèbre et recherché. Certes, on vantait son caractère autant que son talent. Mais c'était un homme marié. Sa réputation d'honnêteté devait-elle suffire à rassurer une mère? Elle balançait. D'autant plus qu'en dépit de sa juste défiance, elle se sentait parfois, elle aussi, gagnée par la fougue généreuse, la parole de feu, la cordiale bonhomie, l'ardeur à vivre de l'amoureux Diderot.

Si bien que cette femme, qui passait pour autoritaire et résolue, se montrait envers lui tour à tour complaisante et sévère. Ne nous en étonnons pas. La contradiction n'est-elle pas le rythme de la vie? Tous les grands mouvements naturels, ceux de la mer ou du sang, ne sont-ils pas une suite de flux et de reflux, d'élans contraires?

D'abord, elle veut éloigner sa fille. Elles se retireront toutes deux, au moins une partie de l'année,

au château d'Isle, dans ce domaine dont elle fait ses délices, où elle peut jouer à la châtelaine et à la fermière, où elle échappera à la vie de Paris, si fatigante pour une femme de son âge.

Diderot se désespère à l'idée qu'on va entraîner Sophie au fond d'une campagne. Il lui souffle des conseils de révolte : « Dites à votre mère qu'une fille de votre âge a ses amis, ses connaissances, qui peuvent n'être pas les amis, les connaissances de sa mère. »

Il est tellement désemparé qu'il pèche par orgueil. S'il méprise le succès immédiat, l'adulation mondaine, il a confiance dans le jugement de la postérité. Chez lui, c'est un acte de foi. Alors, pour influencer l'adversaire, pour l'éblouir, il escompte sa gloire future, il la jette ingénument sur la balance : « Dites à votre mère que la plus grande considération dans la mémoire des hommes m'est assurée. »

Il va plus loin. Il écrit directement à Mme Volland pour « justifier sa conduite et celle de Sophie ». Mais la lettre est fort longue. Et comme il s'échauffe à mesure qu'il écrit, de même qu'il s'échauffe à mesure qu'il parle, cette lettre était à la fin « d'une violence qui ne se conçoit pas ». Une rupture lui paraît inévitable. Mme Volland garde deux jours la lettre dans sa poche, se la fait lire le troisième par Mme Legendre. Puis, par un mot très modéré, très bienveillant, elle invite Diderot à se rapprocher. Contradiction.

Mais le philosophe n'est pas rassuré : « J'augure mal de l'avenir. Votre mère a l'âme scellée des sept sceaux de l'Apocalypse. Sur son front est mis : *mystère*. Elle vous a promis, elle s'est promis à elle-même plus qu'il n'est en elle de tenir. »

En effet, Mme Volland, bien qu'elle ait autorisé sa fille à recevoir Diderot dans son propre appartement, s'inquiète et s'irrite de leurs longs tête-à-tête. Renonçant momentanément au départ pour Isle, elle amène le philosophe lui-même à s'éloigner pendant quelques semaines. Il se réfugie au château du Grandval, chez le baron d'Holbach, près de Champigny. Certes, l'exil n'est pas lointain. Diderot n'en souffre pas moins : « Combien je sacrifie de doux moments à votre mère... Il n'y a point de doute que si elle avait eu avec moi les procédés que je méritais,

je ne serais pas venu ici, ou j'en serais déjà revenu. »

Mais, toujours indulgent, il ne veut pas faire Mme Volland plus noire qu'elle n'est. Et, dans un de ces moments où elle est parvenue à les séparer, il écrit à Sophie : « Votre mère a trouvé le secret de nous désespérer. Je m'en console un peu en imaginant qu'elle ne s'en doute pas. »

Les absences de Diderot, qu'elles fussent ou non volontaires, avaient le don d'apaiser Mme Volland. Après la mort de son père, en 1759, il partit pour Langres afin de régler des arrangements d'héritage et surtout de mettre d'accord sa sœur Denise et son frère l'abbé, qui s'entendaient fort mal. Son séjour dura trois semaines. Dans ces circonstances, Mme Volland fut parfaite. Elle offrit à Diderot sa voiture pour aller à Langres. Au retour, il passa par Isle, où elle était seule, et s'y arrêta deux jours. « Indulgente et bonne », elle lui remit deux lettres de Sophie qui l'attendaient. Il revint avec elle à Paris. Pendant ce retour, il l'entoura de petites attentions continues. « Elle avait de la peine à supporter la fatigue de la chaise... Je l'ai soutenue dans mes bras des heures entières. »

D'autres raisons encore provoquaient chez Mme Volland des retours de complaisance. Elle craignait toujours que le chagrin n'altérât la santé fragile de sa fille. Elle était tentée de le lui éviter. Ainsi, en cet été 1759, Sophie était souffrante. La seule appréhension du départ aggravait son état. Diderot l'apprend à son ami Grimm : « Il lui semble qu'elle s'en va à sa dernière demeure ; c'est ainsi qu'elle en parle. Elle dépérit à vue d'œil... Elle est tombée dans un abattement, une indifférence, un détachement qui désolent sa sœur... Elle passe des heures entières au milieu de nous sans parler, les yeux fermés et la tête penchée sur le dos de son fauteuil. » Elle s'éloigne pour pleurer et revient les yeux humides et rouges. Sa mère lui dit : « Ma fille, n'avez-vous pas une robe à vous faire faire? » Elle répond : « Oui, maman, on la fera là-bas. » Pour commander en Champagne une robe qu'elle pourrait commander à Paris, il faut en effet qu'une femme soit bien détachée de tout.

Mme Volland en fut convaincue. Elle s'inclina et partit seule pour Isle cette année-là. Mais elle n'avait pas renoncé à son projet. L'été suivant, une catastrophe intime précipita sa résolution. M. de Salignac, le mari de sa fille aînée, receveur au service du duc d'Orléans, allait disparaître dans une banqueroute frauduleuse. Ses dettes montaient à dix-huit cent mille francs, somme considérable à cette époque. Mme Volland, par esprit de famille, consentit de grands sacrifices. Mais désormais, son départ pour Isle s'imposait. A tous les motifs qui le lui faisaient souhaiter, s'ajoutait l'impérieuse raison d'économie. Ainsi la destinée, qui ébréchait sa fortune, comblait ses vœux. Tout se compense.

Diderot se rend compte que, cette fois, la séparation est inéluctable. Déjà le départ est décidé pour le mois d'août. Sophie va partir. Elle part. Il tonne contre l'auteur de tout le mal, ce M. de Salignac, dont il s'est défié dès le premier jour. « Je lui pardonne son libertinage ; je ne saurais lui pardonner son hypocrisie. » Et puis, dans son cruel dépit, son désarroi, son gros chagrin d'enfant perdu, il a un de ces gestes où l'homme s'inscrit tout entier. Il écrit à Sophie, qui envisage d'être ruinée : « Songez que s'il pouvait m'arriver de vous aimer et de vous respecter davantage, la misère le ferait. »

IV

UN CANTIQUE D'AMOUR

Sophie Volland est partie pour le château d'Isle, au fond de la Champagne. Diderot reste seul et désemparé. Depuis quatre ans, il ne l'a guère quittée, sauf pendant de petits séjours au Grandval, chez le baron d'Holbach, chez Mme d'Épinay, à la Chevrette, et ses trois semaines à Langres, après la mort de son père. Cette fois, la séparation doit durer des mois.

Seules, les lettres pourront alléger la peine de l'absence. « Puisqu'il est si doux pour nous de nous écrire, dit-il, puisque c'est la seule consolation que nous puissions avoir, puisque ce reste de commerce doit nous tenir lieu de tout... tâchons, s'il se peut, de mettre quelque arrangement dans notre correspondance. »

En effet, ils organisent cette correspondance. Un de leurs amis, Damilaville, est premier commis au bureau des vingtièmes, quai des Miramionnes. Il a le cachet du contrôleur des Finances. Il peut affranchir en sécurité leurs lettres. C'est à lui qu'ils les adresseront. C'est lui qui les leur fera parvenir.

Diderot, qui passe pour distrait, « qui ne sait jamais bien le jour qu'il vit », se promet de dater ses lettres, et de les envoyer à des jours fixes, le jeudi et le dimanche. Il se tiendra parole. Enfin, pour bien s'assurer qu'il ne s'en égarera pas, ils conviennent de les numéroter.

En écrivant à son amie, Diderot se donne l'illusion de lui parler encore. « Je cause avec vous en vous écrivant, comme si j'étais à côté de vous, un bras passé sur le dos de votre fauteuil. » Et il écrit vraiment comme il parle. « Je prends une plume, de l'encre et du papier et puis va comme je te pousse... Plus j'écris vite, mieux j'écris. » Il ne fait pas de brouillon, pas plus qu'il ne garde copie de ses lettres. Et elles sont presque sans ratures.

Il est résolu à raconter à son amie tous les événements de sa vie. Il lui semble qu'il se rapprochera d'elle en se confessant à elle. « Pour moi, dans l'éloignement où je suis de vous, je ne sache rien qui vous rapproche de moi comme de vous dire tout et de vous rendre présente à mes actions par mon récit. »

Aussi devient-il attentif pour elle à tous les moments de sa journée. « Un dévot qui doit compte à son directeur de ses pensées, de ses actions, de ses omissions, ne s'épie pas plus scrupuleusement. »

Cette sincérité même lui apparaît comme un gage d'amour. Il y revient à maintes reprises. « Moi qui vis de la vie la plus découpée, la plus inadvertante, pourquoi épiai-je tous mes instants? C'est pour celle qui est loin de moi et que j'aime. » Ou bien : « J'ai voulu vous rendre compte de tous les instants d'une vie qui vous appartient et vous faire lire au fond d'un cœur où vous régnez. » Ou encore : « Quelle que soit la durée de ton absence, je n'aurai rien à t'apprendre à ton retour, pas même que je n'ai pas cessé un moment de t'aimer. »

Oui, il est soutenu par l'illusion qu'en se livrant

tout entier, en vivant sous les yeux de son amie, il se rapproche d'elle, il lui marque sa tendresse comme dans une étreinte. Il en a le sentiment si vif qu'il le condense dans cette formule saisissante : « L'art d'écrire des lettres n'est que l'art d'allonger les bras. »

Il suit en pensée les lettres qu'il écrit à Sophie. Il imagine le moment où elle en reçoit tout un paquet, au château d'Isle. « D'abord, elle le pèsera de la main ; elle le serrera pour quand elle sera seule ; il lui tardera bien d'être seule... On rangera les feuilles ; on lira presque toute la nuit ; il en restera la moitié encore pour le lendemain. Le lendemain, on achèvera, et l'on relira pour soi et pour sa chère sœur, les lignes qui auront plu davantage... Ce volume d'écriture qu'on aura reçu et lu avec tant de plaisir, que contiendra-t-il ? Des riens ; mais ces riens mis bout à bout forment de toutes les histoires la plus importante, celle de l'ami de notre cœur. »

Il se représente d'autant mieux Sophie au château d'Isle qu'il le connaît. Il s'y est arrêté l'année

précédente à son retour de Langres, afin de prendre au passage Mme Volland. Je rappelle que ce château existe encore. Je l'ai vu, dans la mélancolie d'un automne prématuré, par un jour de bruine, sous un ciel dépoli. Au bord de la plaine unie, semée de boqueteaux, où serpente la Marne, il apparaît de loin, encadré d'arbres plus hauts que lui, simple et charmant sous sa robe grise.

Une avenue de feuillage conduit jusqu'à la grille. Elle franchit sur un petit pont de grès le fossé dont les eaux verdies entourent le château. Sur la première pierre de ce pont, qui fut posée en 1732 par Mme Volland, son nom et cette date sont sculptés. Je n'ai pas su les découvrir parmi bien d'autres noms, bien d'autres dates, gravés vers la même époque, et qui restent très lisibles.

C'est à cet endroit que Diderot, bien incertain de l'accueil que lui réserverait Mme Volland, descendit de voiture. Il écrit à Sophie, restée à Paris : « Que lui dirai-je? Que me dira-t-elle? Le cœur me bat bien fort. » Il aperçoit Mme Volland. « Il était à peu près six heures lorsque la chaise est entrée dans l'avenue. J'ai fait arrêter ; je suis descendu, je suis allé au-devant d'elle les bras ouverts ; elle m'a reçu comme vous savez qu'elle reçoit ceux qu'elle aime de voir ; nous avons causé un petit moment d'un discours fort interrompu, comme il arrive toujours en pareil cas. »

A droite de l'ample cour gazonnée, au delà de deux piliers de porte d'une touchante vétusté, s'étendent les bâtiments de la ferme, que Diderot a visités aussi : « La grange, et les basses-cours, et la vinée, et le pressoir, et les bergeries, et les écuries. J'ai marqué beaucoup de plaisir à voir tous ces endroits, parce que j'en avais, parce qu'ils m'intéressent. »

Coiffée d'ardoise, précédée d'un bref perron, la façade du château est tout unie. Seules, des guirlandes de pierre, sobrement sculptées, sont suspendues sous les hautes fenêtres, à l'unique étage.

La face opposée regarde le parc. Il est vénérable. Les plus vieilles gens du pays ont toujours vu ces tilleuls noués et tordus par l'âge, ces statues que le temps grignote dans la solitude de ronds-points reculés. Mais Diderot et Sophie Volland les ont-ils vus?

Au loin, près de la Marne, frissonnent toujours les Vordes, ces bouquets de peupliers qui enchantaient Diderot : « Ces Vordes me charment ; c'est là que j'habiterais ; c'est là que je rêverais, que je sentirais doucement, que je dirais tendrement, que j'aimerais bien... »

Chose singulière, dans tout ce paysage, la Marne seule a changé. Son lit se déplace. La rivière s'avance et gagne sur l'ancien domaine de la famille Volland.

En l'absence des propriétaires actuels, le logis même était fermé, lors de notre visite. Cela valait peut-être mieux. Nous pouvions imaginer que l'intérieur est resté tel que Diderot l'a décrit, que le grand salon a conservé ses « boisures simples » et ses trumeaux naïfs. Et derrière ces portes et ces persiennes closes, dans ce château de la Belle-au-Bois-dormant, nous pouvions imaginer que reposait toujours Sophie Volland, ange de douceur et démon d'esprit.

Débordantes, tumultueuses, ces lettres de Diderot

sont disparates comme la vie qu'elles reflètent. Elles roulent pêle-mêle des portraits, des menus d'agapes, des traits d'esprit, des paysages, des échos de livres et de théâtre, des débats philosophiques et des détails de santé, des vues sur l'art et des soucis domestiques, les plus libres anecdotes et des hymnes à la vertu. Mais ce sont avant tout des lettres d'amour. L'éloignement a tendu les liens qui l'unissaient à Sophie. Et, sur cette harpe idéale, il fait gémir son chagrin et chanter sa tendresse.

Écoutez d'abord les accents de sa peine. Il ne s'accoutume pas au mal de l'absence. Il souffre et s'étonne ingénument de tant souffrir : « Si vous saviez l'état misérable d'anéantissement où je suis tombé depuis votre départ. Cela m'est arrivé sans que je m'en doutasse. Il faut que je vous aime deux fois plus que je ne croyais. »

Il connaît cette sorte d'asphyxie morale où l'on se débat quand s'éloigne l'être aimé : « Vous me manquez à tout moment. Si d'abord je ne sais pas ce que je cherche, à la réflexion, je trouve que c'est vous ; si je veux sortir sans savoir pourtant où aller, à la réflexion je trouve que c'est où vous étiez ; si je suis avec des gens aimables et que je sente l'ennui me gagner malgré moi, à la réflexion je trouve que c'est que je n'ai plus l'espérance de vous voir un moment. »

Loin d'elle, que le temps est long ! « Les jours n'ont point de fin, les semaines sont éternelles. » Il ne prend intérêt à rien. Il ne sait que faire de lui-même. « Je ne me trouve bien ni chez moi ni ailleurs. La compagnie me déplaît quand j'en ai et je la souhaite quand elle me manque. »

Il voudrait s'enfuir de lui-même. « Combien votre absence me coûte à supporter. J'ai des journées d'un ennui qui m'accable. Alors je me déplais partout. Je cherche dans ma tête quelque endroit où je pourrais me réfugier. Je tourne autour de Paris, je m'éloigne, je finis par arriver où vous êtes. » Hélas ! ce n'est qu'une rêverie.

Au Grandval, chez le baron d'Holbach, on le trouve fort maussade. On a pris le parti de sourire de sa langueur, de ses soupirs indiscrets. Mme d'Aine, la belle-mère du baron, personne fort joviale, déclare que, si cela dure, il faudra le noyer par pitié.

Mais, sourd aux plaisanteries, il s'enfonce dans

ses regrets et goûte l'amère douceur de ses rêves. Il imagine ce qu'il éprouverait si Sophie apparaissait soudain dans ce salon du Grandval. « Mon amie, si par quelque enchantement je vous retrouvais tout à coup à côté de moi, il y a des moments où j'en pourrais mourir de joie... Il est sûr que je ne connais ni bienséance, ni respect qui puissent m'arrêter. Je me précipiterais sur vous, je vous embrasserais de toute ma force et je demeurerais le visage attaché sur le vôtre, jusqu'à ce que le battement fût revenu à mon cœur et que j'eusse recouvré la force de m'éloigner pour vous regarder. »

Mais Sophie n'apparaît pas. Il ne reste bien au philosophe que la consolation des lettres. Aussi avide d'en recevoir que prompt à en écrire, il attend dans la fièvre celles de son amie. On sait que les lettres de Sophie Volland n'ont jamais été retrouvées. Nous n'en connaissons quelques particularités que par celles de Diderot.

Elles étaient surtout sentimentales. Le philosophe

la conjurait parfois de l'imiter, de raconter sa vie : « Mes lettres sont variées, et les vôtres le seront, et plus agréablement que les miennes, quand vous pourrez vous résoudre, comme moi, à m'envoyer vos conversations d'Isle. » Elle s'y refusait. Elle déclarait que, dans les lettres de son ami, c'étaient « les passages tendres » qui lui plaisaient le plus et elle s'obstinait à n'envoyer que de ces passages-là. D'ailleurs, lorsque Diderot s'était arrêté à Isle, Mme Volland lui avait dit elle-même : « Vous connaissez Mlle Volland ; son talent n'est pas fort sur les nouvelles. »

A de rares endroits de ses propres lettres, le philosophe reprend une des phrases de Sophie, afin de la commenter. Ces citations isolées permettent de juger du ton de l'ensemble. Parfois, Sophie se montre discrètement jalouse : « Il me dit des choses tendres, douces ; il les pense ; mais, n'en dit-il qu'à moi? » Ailleurs, elle achève ainsi sa lettre : « Mercredi, à onze heures. Bonsoir, mon tendre ami ; je dors plus qu'à moitié, et je ne vous en aime pas moins. » Ou bien elle lui demande malicieusement « s'il lui convient d'être toujours aimé à la folie? » Ou encore elle lui déclare : « Ma mère voudrait bien encore passer ici trois mois ; le temps et l'éloignement ne peuvent rien changer à mes sentiments. »

Cependant Sophie ne restait pas uniquement sur la note sensible. Elle jugeait les ouvrages, romans, pièces de théâtre, essais philosophiques, que lui envoyait Diderot. Il appréciait fort l'opinion de son amie. Le charge-t-on, par exemple, d'un projet pour le tombeau du Dauphin dans la cathédrale de Sens? Avec sa prodigieuse fécondité, il en esquisse une demi-douzaine qu'il soumet à Sophie. Enfin, dans ses *Salons*, il fait état des remarques que certains tableaux ont inspirées à son amie.

Sophie n'écrivait jamais bien longuement. Car en 1767, c'est-à-dire après onze ans de correspondance, Diderot s'exclame, en recevant une lettre d'elle : « Ah ! Voilà ce qui s'appelle une lettre, cela. Une fois en votre vie, vous aurez du moins causé cinq ou six pages de suite avec moi ! »

Mais si brèves que fussent ces lettres, il les trouvait admirables. Un jour, à propos d'une lettre de son cher Grimm, il écrit à Sophie : « Je viens de

recevoir une belle lettre de Grimm ; oh ! pour cela, bien belle et bien tendre, presque comme si vous l'aviez dictée. »

Aussi les guette-t-il avec une impatience inquiète. L'une d'elles n'arrive-t-elle point au jour où il l'attend? Sa maussaderie, son détachement s'aggravent. Les sujets de conversation qui l'intéressent d'ordinaire ne le touchent presque plus. « Je ne suis plus à rien, ni à la société, ni à mes devoirs ; mon caractère s'en ressent ; je gronde pour rien ; je m'ennuie de tout et partout. »

Dès que le retard s'accentue, le philosophe s'affole. Sophie serait-elle souffrante? Non. La chère sœur l'eût prévenu. Alors, il imagine les pires catastrophes : « Que faut-il que je pense? La curiosité, la méchanceté, l'infidélité, des contretemps, que sais-je? Quoi encore? Tout s'oppose donc à la douceur de notre commerce, et nous ravit le seul bien qui nous reste, l'unique consolation que nous ayons et qui nous est si nécessaire ! »

Et leur mutuelle inquiétude au moindre retard revient cent fois dans leurs lettres.

Plus l'absence se prolonge, plus il appelle, plus il réclame Sophie. De chacune de ses lettres, le même cri s'échappe : « Revenez ! Revenez ! »

Lorsqu'il est accablé de travail et de soucis, il tend les bras vers elle : « Hâtez-vous de revenir, afin que j'oublie près de vous toutes mes peines. » Ou bien : « Quand vous étiez ici, votre présence me soutenait. Avais-je du chagrin, j'allais voir mon amie, et j'oubliais mon chagrin. Pourquoi m'avez-vous abandonné ? »

Il invoque même, pour presser le retour de Sophie, la brièveté de la vie, la chute si rapide dans le néant : « Venez, venez que je vous embrasse, et que tous vos instants et tous les miens soient marqués par notre tendresse et que la longue nuit qui nous attend soit au moins précédée de quelques beaux jours. »

Mme Volland, dans un de ses élans de complaisance, avait promis que ce premier séjour en Champagne ne serait pas de trop longue durée. Elle devait

rentrer à la Saint-Martin, c'est-à-dire le 10 novembre.

Mais la Saint-Martin passe et Mme Volland s'attarde aux délices du château d'Isle. Diderot se révolte. Il déclare qu'il ne saurait attendre jusqu'aux derniers jours du mois. Ces derniers jours arrivent et Sophie ne rentre pas. Alors le philosophe désespère. Il souffre trop d'être ainsi déçu de semaine en semaine : « Je ne vous attends plus. »

Étant malheureux, il devient injuste : « Vous ne m'aimez pas comme je vous aime. Vous ne prenez pas le retard de votre retour comme moi. » Mais sa bonté n'abdique jamais. Et il ajoute aussitôt : « Tant mieux : vous seriez trop à plaindre si vous étiez malade d'amour comme moi. »

Enfin, le retour est décidé. Diderot exulte. Il se transporte en pensée à ce radieux moment : « Il est impossible que je vous peigne ce que je deviens dans cette espèce de délire où je vous vois, où je cherche si c'est vous, si c'est toujours ma Sophie, si elle est heureuse de retrouver celui qui l'aime si tendrement et qui l'a si longtemps attendue. »

L'heure approche : « Quand est-ce que je vous

embrasserai vraiment? Sera-ce demain, après, ou après? Cela me fera autant de plaisir qu'à vous. Car votre absence a bien été aussi longue pour moi que la mienne pour vous. »

Et dans l'allégresse du retour immédiat, il risque une boutade, lui qui, depuis des mois, n'a jamais plaisanté son chagrin : « Tenez, la première fois que nous nous séparerons, prenons le parti de ne plus nous aimer. »

Ah ! certes, ils ne se sont pas arrêtés au parti de ne plus s'aimer à la prochaine séparation... Tant que dureront les séjours à Isle, pendant plus de dix ans, Diderot jettera de la même voix les mêmes appels vers Sophie ; il clamera toujours aussi haut son chagrin du départ, son allégresse du retour et, dans l'intervalle, la ferveur de son amour. Non, cette ferveur ne fléchit pas. Pendant plus de dix ans, ce sont les mêmes serments, les mêmes actions de grâces. A cause de son ardeur universelle, de sa fougue généreuse, on l'a souvent comparé à une force de la

nature. Semblable encore à l'immuable nature, qui donne les mêmes fleurs à chaque printemps, il jettera chaque année vers son amie le même chant de tendresse.

Et ces stances égales qui s'élèvent ainsi chaque année, forment à travers le temps comme un long cantique d'amour. Ce n'est, naturellement, qu'une suite de variations sur la même phrase : « Je vous aime. » Pour l'évoquer ici, le mieux est d'en détacher quelques-unes :

« Combien je vous aimerais, si je pouvais vous aimer davantage. »

« Je vous aime tous les jours, et je ne distingue que celui où je me crois le plus aimé. »

« Ce n'est donc pas assez de vous aimer ; il faut vous le dire. Eh bien, je vous le dis. Entendez-vous? Je vous aime, je vous aime de tout mon cœur et je n'aimerai jamais que vous. »

« Vous serez mon amie, mon unique amie, tant que je vivrai. »

« Tout peut s'altérer au monde ; tout, sans vous excepter ; tout, sauf la passion que j'ai pour vous. »

« Rien ne séparera nos deux âmes. Cela s'est

dit, écrit, juré si souvent ! Que cela soit vrai, du moins une fois. »

« Quand serai-je donc délivré de toute autre occupation que celle de vous plaire ? Jamais, jamais. Je mourrai sans avoir pu vous apprendre combien je sais aimer. »

« Connaissez-vous la centième partie de ma passion ? C'est moi seul qui sais combien je vous aime. Vous l'ignorez et l'ignorerez toujours... Ah ! mon amie, l'amour et l'amitié ne sont pas pour moi ce qu'ils sont pour le reste des hommes. Quand je me suis dit une fois dans mon cœur, *je suis son amant, je suis son ami*, je vous effraierais peut-être si je vous disais tout ce que je me suis dit en même temps. »

Parfois, il semble que le temps même fortifie sa passion.

« Je vous l'ai dit souvent et, plus je vais, mieux je sens que je vous l'ai bien dit : il n'y a et il n'y aura jamais qu'une femme au monde pour moi. »

« Je vous aime tous les jours de plus en plus, de toutes sortes de vertus que je vous découvre. Le temps, qui dépare les autres, vous embellit. »

« Le temps n'a fait qu'accroître ma tendresse ;

c'est qu'elle est fondée sur des qualités dont j'ai senti la réalité et la valeur de jour en jour. »

Chaque année, il atteste qu'il l'aime comme au premier jour, qu'elle lui manque et qu'il l'attend comme à la première séparation. Au bout de douze ans, à la veille du retour, il lui écrit : « C'est comme le premier jour et, quand nous nous verrons, ce sera comme la première fois. »

Et quand il part pour la Russie, en 1773, c'est-à-dire après dix-sept ans de tendresse, il écrit à Sophie, de La Haye : « Vous me serez aussi chère sous le pôle. »

Ces variations ne sont pas toujours aussi simples et directes. Il en est de sonores, il en est de subtiles.

Ce grand manieur de mots et d'idées, qui respire la force et presque la violence, trouve parfois les accents les plus délicats pour chanter sa tendresse. N'est-ce pas lui qui a dit : « Quand on écrit à des femmes, il faut tremper sa plume dans l'arc-en-ciel et jeter sur sa ligne la poussière des ailes du papillon. » Tour à tour il est puissant et fin. A vrai dire, ce n'est point sur une harpe idéale qu'il accompagne son cantique d'amour. C'est plutôt sur ces grandes orgues qui éclatent, mugissent et tonnent, puis soudain filent une note déliée, d'une pureté céleste.

Un soir, il se promène au bord de la Marne, près de Paris. Il songe que la rivière baigne le château d'Isle. Un amoureux rapporte tout ce qu'il voit à ce qu'il aime : « Les longues soirées que j'allais passer là, je les emploie à lire, à prendre le frais sur le bord de la rivière, à voir, de la pointe de l'île, les eaux de la Marne qui viennent de vous à moi, et à leur demander des nouvelles des pieds blancs de celle que j'aime... »

N'est-ce point une imagination charmante, celle de ce « petit château » que Sophie et Diderot ont rêvé, dont ils ont fait le séjour idéal de leur tendresse ? Ils s'y réfugient en pensée. Ils l'améliorent. Ils s'y entourent de ceux qu'ils aiment : « Si pendant mon absence, écrit Diderot, il vous arrive quelquefois de retourner au petit château, que j'y sois avec vous. Je rêve aussi de mon côté à perfectionner cet établissement et je trouve qu'on y aurait besoin d'un personnage qui fût le confident de tous, et qui fît entre eux le rôle de conciliateur commun. Qu'en pensez-vous ? Tout bien considéré, j'aimerais mieux que cette fonction fût confiée à une femme qu'à un homme. » Et ailleurs : « C'est le petit château qui sera une maison bénie ! C'est là que, sans glaces, sans tableaux, sans sophas, nous serons les mortels les plus heureux par le bien que nous ferons et par celui qu'on dira de nous. » Ailleurs encore : « Nous nous fermerons tous les yeux les uns aux autres dans le petit château ; et le dernier sera bien à plaindre, n'est-ce pas ? » Et quand il découvre le château d'Isle, il s'écrie : « Il serait tout élevé, tout bâti, ce petit château idéal ! Ne nous retrouverons-nous jamais tous, avec des âmes bien tranquilles et bien unies ? »

L'invention du miroir magique n'est-elle pas plus charmante encore ? « Si j'avais seulement un miroir magique qui me montrât mon amie à tous les instants ; si elle se promenait sous mes yeux dans une glace, comme dans les lieux qu'elle habite... Je ne la quitterais guère, cette glace ; combien je me lèverais de fois pendant la nuit pour vous aller voir dormir !

Combien de fois je vous crierais : « Mon amie, prenez garde, vous vous fatiguez trop ; prenez par ce côté-ci, il est plus beau ; le soleil vous fera mal ; vous veillez trop tard, vous lisez trop longtemps ; ne mangez pas de cela ; qu'avez-vous? Vous me paraissez triste »... Il est bien incertain si ma glace ne me causerait pas plus de peine que de plaisir. S'il m'arrivait d'y voir quelqu'un vous baiser la main ; si je vous voyais sourire ; si je trouvais que vous m'oubliez trop et trop longtemps! Non, non, point de cette glace magique, je n'en veux point... »

Puis, le ton s'élève. Diderot évoque toute l'Histoire, les philosophes de tous les temps, afin d'attester mieux la force de sa passion : « J'ai vu toute la sagesse des nations, et j'ai pensé qu'elle ne valait pas la douce folie que m'inspirait mon amie. J'ai entendu les discours sublimes de leurs philosophes... Ils cherchaient à me décrier la volupté et son ivresse, parce qu'elle est passagère et trompeuse, et je brûlais de la trouver entre les bras de mon amie, parce qu'elle s'y renouvelle quand il lui plaît, et que son cœur est droit, et que ses caresses sont vraies. Ils me disaient : tu vieilliras. Et je répondais en moi-même :

ses ans passeront avec les miens... Elle fait mon bonheur aujourd'hui ; demain elle fera mon bonheur, et après-demain, et après-demain encore, et toujours, parce qu'elle ne changera point, parce que les dieux lui ont donné le bon esprit, la droiture, la sensibilité, la franchise, la vertu, la vérité qui ne change pas. Et je fermais l'oreille aux conseils austères de ces philosophes ; et je fis bien, n'est-ce pas, ma Sophie? »

La voix monte encore. Cette fois, les grandes orgues tonnent. Diderot veut toute l'éternité pour son amour : « Ceux qui se sont aimés pendant leur vie et qui se font inhumer à côté l'un de l'autre ne sont peut-être pas si fous qu'on pense. Peut-être leurs cendres se pressent, se mêlent et s'unissent ! Peut-être n'ont-elles pas perdu tout sentiment, toute mémoire de leur premier état. Peut-être ont-elles un reste de chaleur et de vie dont elles jouissent à leur manière au fond de l'urne froide qui les renferme... O ma Sophie ! Il me resterait donc un espoir de vous toucher, de vous sentir, de vous aimer, de vous chercher, de m'unir, de me confondre avec vous quand nous ne serons plus... si je devais dans la suite des siècles refaire un tout avec vous, si les molécules de votre amant dissous avaient à s'agiter, à s'émouvoir et à chercher les vôtres éparses dans la nature ! Laissez-moi cette chimère, elle m'est douce, elle m'assurerait l'éternité en vous et avec vous. »

Et pourtant ce n'est pas dans ses lettres à Sophie Volland qu'il exprime le plus fortement sa tendresse. Ce n'est point à l'aimée qu'on dit le mieux qu'on l'aime. Il peindra sa passion avec plus de fougue encore dans une lettre à son ami Falconet, écrite en 1767. Il connaît Sophie depuis onze ans. Certes, la sorte d'emphase sentimentale qui marquera la Révolution, l'Empire et l'âge romantique est déjà de mode. Déjà on verse des torrents de larmes, on devient fou de passion, on meurt de joie, avec une étonnante facilité. Et Diderot a pris vite le ton, lui qui est extrême en tout, qui se grise de sa pensée à mesure qu'il écrit ou qu'il parle, lui qui tend sans cesse à se dépasser, qui s'escalade, qui se fait la

courte échelle. Mais sous l'effervescence excessive des mots, quelle force circule...

« ... Que vous dirai-je donc? Que j'ai une amie; que je suis lié par le sentiment le plus doux avec une femme à qui je sacrifierais cent vies, si je les avais. Tenez, Falconet, je pourrais voir ma maison tomber en cendres, sans en être ému; ma liberté menacée, ma vie compromise, toutes sortes de malheurs s'avancer sur moi, sans me plaindre, pourvu qu'elle me restât. Si elle me disait : « Donne-moi de ton sang, j'en veux boire », je m'en épuiserais pour l'en rassasier. Entre ses bras, ce n'est pas mon bonheur, c'est le sien que j'ai cherché! Je ne lui ai jamais causé la moindre peine; et j'aimerais mieux mourir, je crois, que de lui faire verser une larme... J'atteste le ciel qu'elle m'est aussi chère que jamais. J'atteste que ni le temps ni l'habitude, ni rien de ce qui affaiblit les passions ordinaires n'a rien pu sur la mienne; que, depuis que je l'ai connue, elle a été la seule femme qu'il y eût au monde pour moi. »

V

« LE PÈRE TOUT A TOUS »

Nous avons vu un Diderot désespéré de perdre son amie. Maintenant, regardons-le vivre pendant les six mois où, chaque année, il la retrouve.

Il avait ses « jours » réguliers chez les Volland, le jeudi et le dimanche, ces deux mêmes jours qu'il avait choisis pour écrire à Sophie, pendant l'exil annuel. « Ils appartenaient aux Volland, déclare-t-il, de toute éternité. » De plus, il était autorisé à rendre visite à son amie dans son appartement. Il y montait par certain petit escalier dont nous aurons à reparler.

Il ne manquait aucune occasion de l'accompagner

ou de la rejoindre dans ses sorties : au concert, « aux tableaux », c'est-à-dire au Salon, dans les bois de Meudon ou de Saint-Cloud. Il lui donnait rendez-vous au théâtre. « Je suis dans le parterre, vers le fond et dans le milieu ; c'est de là que mes yeux vous chercheront. » Il la retrouvait encore au Jardin de l'Infante, qui dépend du Louvre, au Jardin du Palais-Royal, où elle avait son coin favori, l'allée d'Argenson.

Pourquoi lui accordait-on tant de facilités, après lui avoir opposé tant de résistances? Parce qu'il avait, selon son vœu, conquis la mère et les sœurs de son amie. Il était parvenu à les réunir, à les mêler et presque à les confondre dans son cœur. Cette large tendresse, dont il enveloppe peu à peu Mme Volland et ses trois filles, est tout à fait caractéristique de Diderot. Elle peint tout l'homme. Aussi vaut-elle qu'on s'y arrête.

Naturellement, c'est encore dans ses lettres qu'il

faut suivre ce curieux travail d'assimilation. Mme Legendre, compagne ordinaire de Sophie jusqu'en 1767 environ, sera gagnée la première. Diderot a toujours été attentif à tous les gestes de la « chère sœur », qu'il a surnommée Uranie. Il s'est toujours intéressé de très près à elle, aussi bien aux jeux de sa coquetterie qu'à ses soucis maternels. D'abord, comme on l'a vu, il se montre parfois hostile et jaloux à l'égard d'Uranie, dans ses lettres. Peu à peu, l'orage s'apaise et ces nuages disparaissent. Le philosophe prend l'habitude de s'adresser aux deux sœurs. « Depuis que je cause avec vous deux, il me semble que je cause plus facilement, plus doucement. » Bientôt, il marque presque la même tendresse aux deux sœurs. Voyez par quelles nuances subtiles il les distingue, lorsqu'il les quitte à la fin de ses lettres à Sophie : « Je prends vos deux mains et je les baise l'une en dedans, et c'est la vôtre ; l'autre en dessus, c'est celle de votre chère sœur. » Et puis, il arrive à les confondre : « Je serai souvent en esprit entre l'une et l'autre, mettant vos mains entre les miennes, ne sachant laquelle des deux j'aime le plus ; autant l'ami de l'aînée que de la

cadette, partageant également mon respect et mon estime. »

A partir de 1767, c'est surtout Mme de Salignac qui vit aux côtés de Sophie. Depuis la disparition de son mari, elle a pris le nom de Mme de Blacy. Diderot élargit pour elle le cercle de sa tendresse. Il la conquiert à son tour. Dans ses lettres à Sophie, il l'appelle « mon amoureuse ». Il tient maintenant les trois sœurs contre lui. Il se plaît à les associer dans de petites scènes qu'il imagine. Ainsi, quand il sera vieux, « les cheveux blanchissant, le dos se courbant, il donnera le bras à Mme de Blacy pour aller à l'église, afin d'y pleurer toutes les douces folies qu'il aura dites à Sophie et toutes celles qu'il aurait voulu faire avec leur sœur. »

Enfin, Mme Volland entre à son tour dans la ronde. L'âge venant, on oublie de part et d'autre les heurts, les grippements du début. Diderot, qui l'avait d'abord surnommée Morphyse, l'appelle bientôt « maman ». Il rend hommage à ses hauts et fermes mérites. Et comme il est extrême en tout, il semble parfois même la préférer à ses filles. Il écrit à Sophie : « Maman n'est pas bavarde comme vous ; elle ne dit qu'un mot, mais son mot est si bien dit, si bien choisi, si doux, qu'il vaut mieux que toutes vos phrases ! Chère amie, embrassez-la dix fois, vingt fois pour moi. » La châtelaine d'Isle est-elle souffrante? Il s'inquiète : « Je ne sais comment cela se fait, mais je me soucie moins de vos santés que de la sienne. » Mais il ajoute aussitôt : « Je vous aime pourtant toutes également. » Voilà la vérité : il aime également ses « bonnes amies ». Car désormais, il les unit sous ce vocable. A partir de 1768, ses lettres à Sophie commencent par « Mesdames et bonnes amies. »

Dans cette période encore, il marque parfois de petites nuances entre ses bonnes amies, dans ses formules d'adieux : « Approchez vos joues, mon amoureuse ; maman, donnez-moi la main ; vous, mademoiselle Volland, tout ce qu'il vous plaira. » Parfois, il les confond absolument : « Bonsoir, mesdames et bonnes amies. Je vous salue, je vous embrasse sur le front, sur les yeux, partout où vous le permettez. »

Il leur est tellement attaché, à toutes quatre, qu'il lui semble également pénible de les suivre ou de les

précéder dans la mort. Et il termine une de ses lettres sur ce vœu : « Il faudrait, pour le mieux, mourir tous le même jour. »

⁂

Vraiment, il a besoin de réunir, de presser ensemble sur sa large poitrine tout ce qui lui est cher. Dès qu'il découvre sa fille Angélique, il associe vite son amie à ses surprises, à ses enthousiasmes, à ses espoirs, à ses projets paternels.

D'abord, il déplore d'avoir dû la laisser si longtemps aux soins de Nanette : « Elle a la mémoire pleine de sots rébus et de quolibets. » Mais son heure vient : « La mère, qui n'en sait plus que faire, permet enfin que je m'en mêle. » Il s'extasie sur les dons de corps et d'esprit de sa fille, sur ses promesses de beauté : « Ah ! mademoiselle, la jolie enfant que j'ai là ! »

Sophie n'ignorera rien des petites maladies d'Angélique, ni de ses grands progrès, ni des leçons d'histoire ou de clavecin que son papa lui fait répéter, ni des enseignements qu'il lui donne au cours de leurs promenades.

Il cite ses mots d'enfant et ses réflexions de jeune fille. Et de s'extasier encore : « Il est incroyable, le chemin que cette imagination a fait toute seule ; combien cela a rêvé ! Combien cela a réfléchi ! Combien cela a vu de choses... Voilà tout mon bonheur pendant votre absence. »

Il va plus loin, tant est puissant son instinct de grouper, d'associer tout ce qu'il protège, tout ce qu'il réchauffe, tout ce qui vit de sa vie. Il conte à Sophie le détail de son existence domestique. Il se plaint de l'humeur vraiment diabolique de Mme Diderot. Il avoue à son amie l'état lamentable où le met « un débordement d'injustice et de déraison » qu'il essuie pendant deux heures. Sûrement, sa femme lui fera rompre un vaisseau de la poitrine ou les fibres du cerveau. Parfois, il est obligé de se réfugier au cinquième, dans son cabinet de travail, et d'y manger seul. Et il craint bien qu'elle ne lasse jusqu'à la servante Jeanneton : « Cette mauvaise humeur chassera de chez moi la pauvre Jeanneton ; il est impossible qu'elle tienne ; j'en suis fâché, les domestiques passables ne sont pas communs. » Déjà !

Mme Diderot est si continûment acariâtre qu'il s'inquiète dès qu'elle s'adoucit au cours d'une maladie. Il confie ses alarmes à Sophie : « Un symptôme qui m'effraie plus qu'un autre, c'est la douceur de son caractère, la patience, le silence et, qui pis est, un retour d'amitié et de confiance envers moi... On est bien malade quand on perd son caractère... Les médecins ne font pas d'attention à ces symptômes moraux ; et je crois qu'ils ont tort. »

Il est vrai que Mme Diderot n'ignore pas la tendresse de son mari pour Mlle Volland, quelque soin qu'il prenne, par exemple, de lui cacher sa correspondance et de retirer lui-même les lettres de Sophie au bureau de son ami Damilaville, quai des Miramionnes. Elle sait. Et le chagrin peut altérer une humeur déjà criarde.

Le fait est qu'elle supporte mal cette influence étrangère. Et le jour où les dames Volland envoient un domestique rue Taranne afin de prendre des nouvelles de Diderot souffrant, Nanette le reçoit avec des façons de « harengère ». C'est ainsi que l'appellera Jean-Jacques Rousseau dans ses *Confes-*

sions, bien que Mme Diderot, en particulier pendant la détention de son mari à Vincennes, l'ait souvent retenu à sa table.

Conscient de ses torts, bon par nature, le philosophe s'efforce de rester patient sous l'orage. Il tend son dos robuste et résigné. Ne sait-il pas, d'ailleurs, que sa femme allie, à son humeur grondeuse, de solides vertus ? Ainsi, il écrit à Mme Caroillon, dont un des fils épousera Angélique : « Ma femme, quoique très bonne, très humaine, très bienfaisante, n'est pas tout à fait aussi sociable. » Et, dans une lettre à Mme Necker, à la fin de sa vie, il silhouette d'un seul trait spirituel les qualités et les défauts de Nanette : « J'ai une femme honnête que j'aime, à qui je suis cher, car qui grondera-t-elle quand je n'y serai plus ? »

Écoutez sur quel ton de sage douceur il exhorte sa femme au calme. Il vient de partir pour Langres, après la mort de son père. Il a quitté Nanette sur une querelle. Il lui écrit : « ... Je tâcherai de vous montrer les choses comme elles sont, de vous préparer, à vous et à moi, la vie la plus tranquille et la plus douce. Je ne suis pas parfait ; vous n'êtes pas parfaite non plus. Nous sommes ensemble, non pour nous reprocher nos défauts avec aigreur, mais pour les supporter réciproquement. Il ne faut pas mettre d'importance à ce qui n'en a point, et réduire l'important à rien. »

Il prend toujours l'initiative des réconciliations. Et Sophie Volland l'y encourage. Car il va de soi qu'il s'est épanché en elle, qu'il lui a conté ces conflits domestiques. Il obéit donc à son amie. Et si la paix se conclut sans effort, il ne s'en donne pas le mérite. Il l'avoue tout naïvement à Sophie : « Tout est raccommodé. Cela s'est fait comme vous le désirez, mais par hasard sans que nous nous en soyons mêlés ni l'un ni l'autre. »

Ce ne sont pas les seules concessions qu'il fasse au foyer, dans le détail de la vie. Nanette aime à recevoir à dîner ses amis personnels. Diderot ne peut pas les souffrir. Cependant, il préside la table, il prend le ton, se met en frais de bonne grâce, se dépense, se donne. Et naturellement, il confie à son amie ses efforts méritoires : « Ma femme s'est mise sur le pied de donner de petites fêtes chez elle; j'en suis toujours et je tâche d'en faire de mon mieux

les honneurs. Si vous connaissiez un peu les convives qu'elle me donne, vous verriez combien il faut que je prenne sur moi. » Autre dîner, pour la fête du philosophe. Chez les Diderot, on célèbre très exactement ces anniversaires. On n'oublie jamais le bouquet traditionnel : « Madame avait rassemblé toutes ses amies... Je fus gai, je bus, je mangeai. Au sortir de table, je jouai, je ne sortis point. Je reconduisis tout le monde entre onze heures et minuit... Quelles physionomies ! Quelles gens ! Quels discours ! Quelle joie !... » Pendant un autre repas de fête, il imagine qu'Uranie, la chère sœur, est cachée derrière une tapisserie, et qu'elle l'écoute : « Comment, aurait-elle dit en elle-même, ce commérage peut-il se trouver dans la même tête, à côté de certaines idées? » Et il ajoute : « Il est vrai que je fus charmant et bête à ravir. »

Si Mme Diderot tombe malade, il se consacre à elle. Il est tout anxiété, tout soucis, tout dévouement. Là encore, il se confie à son amie. Il lui donne sur la maladie des détails tout nus, avec des mots de médecin. Il avoue ses alarmes, sa lassitude. « J'ai ouï dire qu'on ne connaissait jamais bien un homme sans avoir voyagé avec lui. Il faut ajouter : et sans l'avoir gardé pendant une maladie longue et sérieuse. Je suis moins excédé de fatigue que d'impatience. J'entends les plaintes les plus douloureuses pendant la nuit ; je me lève, je vais savoir ce que c'est, et ce n'est rien. »

Mais s'il fait de petites concessions quotidiennes à la vie conjugale, il y fait aussi de grands sacrifices, qui s'étendent sur son existence entière. Pour assurer le bien-être de sa femme, pour amasser une dot à sa fille, n'a-t-il pas accepté des besognes régulières, d'écrasants labeurs, au lieu de suivre son caprice et son génie? « Combien de démarches auxquelles on se résout pour sa femme et ses enfants et qu'on dédaignerait pour soi ! Marié, père de famille, me voilà forcé d'abandonner les mathématiques que j'aimais, Homère et Virgile, que je portais toujours dans ma poche, le théâtre pour lequel j'avais tant de goût. » Et, prenant toujours Sophie à témoin, il lui confesse que s'il avait à se faire valoir près de sa femme et de sa fille, il leur dirait : « J'ai préféré de faire, contre mon goût, ce qui vous était utile à ce qui m'était agréable. »

On s'étonnera sans doute de son constant souci d'initier son amie aux détails les plus intimes de sa vie domestique. Mais, je le répète, telle est sa nature. Il voudrait grouper, associer dans son cœur tous ceux qu'il aime. Il voudrait qu'ils y vécussent, côte à côte, en paix.

Cela est si vrai que, dans une de ses lettres, il donne une forme précise à ce rêve de réunir, d'embrasser largement toutes ses affections, si disparates qu'elles soient. C'est au Grandval. On a discuté de la mort, de l'au-delà. Les uns tiennent pour l'anéantissement, les autres pour l'immortalité à tout prix, fût-ce en enfer. Diderot, rentré dans sa chambre, écrit à son amie. Certes, il ne croit pas à l'enfer. Mais il le regrette presque. Pourquoi? Précisément parce qu'il y réunirait tous ceux qu'il a aimés : « Ce serait si doux de retrouver son père, sa mère, son ami, son amie, sa femme, ses enfants, tous ceux que nous avons chéris, même en enfer ! »

⁂

Lui suffit-il de se donner à ses « bonnes amies »,

à son foyer? Non. Il faut qu'il élargisse encore son étreinte. Il faut qu'il aide son prochain, il faut qu'il se jette à son secours.

Ce généreux élan l'entraînait dès l'enfance. A peine entré chez les Jésuites, à Paris, il voit un camarade embarrassé de son devoir. On le serait à moins : il s'agit de mettre en vers le discours que tient à Ève le serpent de l'Écriture. Denis Diderot s'offre à la besogne. Mais la perfection même du devoir révèle la supercherie. Le camarade est pressé par ses maîtres : ou bien il sera expulsé, ou bien il nommera l'auteur du chef-d'œuvre. Il le dénonce. Tous deux reçoivent la plus verte semonce. Mais Diderot n'est pas guéri de sa bienfaisance.

Sa jeunesse besogneuse fortifia encore son instinct charitable. Le jour où, défaillant de faim, il dut se contenter d'une rôtie trempée dans du vin, il se jura « d'épargner à son semblable une journée aussi pénible ». Toute sa vie, il restera fidèle à son serment. Et, tout près de disparaître, cinquante ans plus tard, il écrira à Mme Necker : « Les plaintes des malheureux remueraient mes cendres au fond du tombeau. »

D'après le témoignage de sa fille, les trois quarts de son temps étaient pris par des quémandeurs qui faisaient appel à sa bourse, à ses talents, à son influence. Son cabinet de la rue Taranne, au cinquième étage, ne désemplissait pas. Des gens s'y incrustaient pendant des heures, sans raison.

Il peut résister à tout, sauf à la voix de sa bonté. Dans un salon, Diderot parle de Térence. C'est un feu d'artifice. M. Suard, qui dirige un journal, le supplie de fixer par écrit, le soir même, l'éblouissante causerie. Le philosophe s'y engage. Vingt fois, Suard lui rappelle sa promesse. Vingt fois Diderot, débordé, remet au lendemain. Un matin, le domestique de Suard se présente rue Taranne. Son maître le chassera s'il revient sans copie. Du moment que cet homme est menacé de perdre sa place, Diderot s'émeut. Et, en quelques heures, il écrit ce délicieux morceau qui passe pour un chef-d'œuvre de goût, d'élégance et de pureté : *Réflexions sur Térence*.

Cette bonté, on l'exploite. Qu'importe : elle est sans fond. Il avait tiré de la misère, nourri, logé, chauffé, vêtu pendant des années, un jeune écrivain qui, pour l'en remercier, compose une âpre satire contre lui, ses proches et ses œuvres. Il a le front de lui apporter son ouvrage, dans l'espoir que Diderot paiera pour le supprimer. Le philosophe tonne contre le cynique, lui reproche son ingratitude, puis s'attendrit sur un état de misère qui l'accule à de tels moyens. Finalement, il lui conseille de porter son pamphlet au vieux duc d'Orléans, qui est fort dévot, qui le hait et qui récompensera cette infamie. Et comme l'impudent personnage est embarrassé d'écrire la dédicace au duc, Diderot la rédige lui-même.

Cette bonté, on la nargue. Diderot s'intéressait à un jeune avocat, nommé Rivière, de belle figure, sensible d'apparence, très pauvre, et qui avait eu le malheur d'indisposer contre lui son frère, un riche abbé. A peine a-t-il reçu cet aveu, Diderot court chez l'ecclésiastique. A force d'éloquence, de pathétique, il lui arrache la promesse d'assurer une rente de six cents livres à son frère. Hélas ! Il vient d'obliger le plus insolent des ingrats. Rivière le remercie, prend congé, puis se retournant sur l'escalier : « Monsieur Diderot, vous qui savez tout,

savez-vous de l'histoire naturelle? — Tout le monde en sait. — Savez-vous l'histoire du *formica-léo?* — Non. — C'est un insecte fort adroit. Il creuse dans la terre un entonnoir, s'établit au fond, après avoir recouvert les parois d'un sable mobile et léger ; lorsqu'un insecte étourdi se promène sur cette surface, il tombe au creux du trou ; le *formica-léo* s'en saisit, le suce, le dévore et lui dit : « Monsieur Diderot, je suis bien votre serviteur. » Diderot riait comme un fou de cette aventure.

Par bonté, il revoit les ouvrages de ses amis, l'abbé Galiani, le baron d'Holbach, dont il « blanchit les chiffons. » Le maître de musique de sa fille, Bemetzrieder, écrit un *Traité d'harmonie :* il le remet au net. Son « cher Grimm » fonde une revue, *La Correspondance littéraire*, vite achalandée dans toutes les cours d'Europe. Diderot devient critique d'art, écrit pendant vingt ans ces fameux *Salons*, dont certains représentent un volume. Il devient critique littéraire, analyse cent ouvrages, les refait selon son génie. Si bien que des lecteurs s'étonnent de n'y point trouver des traits qu'il a signalés. On le lui dit. Il s'étonne à son tour : « Ça n'y est pas? Ça devrait y être ! » Et quand Grimm s'absente, il le remplace, il prend « le tablier de la boutique ». Besogne si écrasante, qu'il se promet un jour de ne plus l'accepter, lui donnât-on aussi gros d'or que lui. « Et je ne suis pas des plus minces. » Il va de soi qu'il reprend le tablier à la première occasion.

Par bonté, il écrit des préfaces, des discours, des plans de comédie, des comédies même, des placets pour les libraires, des suppliques pour des maîtresses délaissées, des descriptions de découvertes pour des inventeurs. Un homme lui demande même de rédiger un *Avis au Public* pour une pommade capillaire. Il rit, et l'écrit.

Il s'entremet sans attendre. Il faut qu'il apporte son aide, même quand on ne la réclame pas. Il intervient dans les affaires de ses amis. Il détourne l'un d'une liaison qu'il juge pernicieuse. Il pousse vivement un autre à épouser sa maîtresse. Son besoin de secourir l'engage dans mille aventures, lui attire autant de déboires que de joies.

Au retour d'une expédition à Sainte-Périne de Chaillot, où il a persuadé une femme que mieux valait être bonne mère que bonne amante, il écrit à

Sophie : « C'est une chose bien bizarre que la variété de mes rôles dans le monde. Je ne puis quelquefois m'empêcher d'en rire. C'est bien moi qui m'appelle *Le père tout à tous.* »

Est-ce assez se donner? Non. Il était persuadé, dit Mme de Vandeul, que le plus grand bien que l'on puisse faire aux hommes est d'étendre leurs connaissances. Il va donc se répandre davantage encore, pour le bien des hommes. Il conçoit un vaste exposé des sciences, des arts et des métiers, qui éclairera les esprits, développera le goût du savoir : *L'Encyclopédie*.

Il y travaille vingt-six ans. De tout-puissants ennemis se liguent contre lui. Tous les moyens leur sont bons. Nul échec ne les décourage. Sans cesse ils renouvellent leurs attaques. Trois fois ils l'abattent. Trois fois il se relève. On croit voir un homme qui bâtit sur un roc un phare pour éclairer le monde, sous l'inlassable assaut des grandes forces aveugles. Il faut esquisser à grands traits cette lutte dramatique, où, tant de fois, gémissant de fatigue, Diderot se tournera vers son amie.

En 1746, quelques libraires s'associent pour publier l'ouvrage dont Diderot est nommé principal éditeur. Mais il n'a pour lui que son renom d'humaniste et de mathématicien, le charme et la puissance de sa parole. Point de titre sonore. Il s'adjoint donc un personnage académique, d'Alembert. Une belle équipe les seconde : Voltaire, Montesquieu, Rousseau, Turgot, d'Holbach, Marmontel, La Condamine, et des spécialistes, des artisans, des ouvriers. Bientôt les matériaux sont à pied d'œuvre, les rôles distribués. Le premier volume va partir pour l'imprimerie. Mais Diderot est arrêté, enfermé à Vincennes, en 1749.

Tout reste en suspens. Lorsque la consigne se détend, le prisonnier essaye bien de travailler au château. Il convoque les ouvriers, car il a entrepris d'étudier lui-même tous les métiers, afin de les décrire. Hélas ! Il n'en vient qu'un seul. Encore est-ce pour présenter sa note, se faire payer d'un labeur passé.

Relâché au bout de cent jours, Diderot lance le

Prospectus, écrit par lui, puis le premier volume en 1751. Radieux succès. Ses adversaires commencent alors une sournoise campagne. De petits vers, des vaudevilles raillent la lourdeur de l'ouvrage. Mais les circonstances vont mieux les servir. Après l'apparition du deuxième volume, un des collaborateurs de l'*Encyclopédie*, l'abbé de Prades, publie une thèse qui fait scandale. De pieux esprits s'indignent, se soulèvent : l'abbé est exilé et l'*Encyclopédie* suspendue. S'il faut en croire Grimm, la Compagnie de Jésus, qui éditait déjà un ouvrage du même ordre, le *Journal de Trévoux*, méditait de mettre la main sur l'*Encyclopédie*, de la reprendre à son compte et de la continuer dans son propre esprit.

Heureusement, s'il a d'implacables ennemis, Diderot compte aussi de grands et fidèles amis. Mme de Vandeul rapporte un trait qui n'a peut-être qu'une valeur d'apologue. Lorsque M. de Malesherbes dut donner l'ordre de saisir les papiers du philosophe, il prit soin de l'en avertir la veille. Diderot s'affole. Où les transporter ? Où les cacher ? En vingt-quatre heures, comment trouver quelqu'un qui veuille s'en charger, chez qui ils seront en sûreté? A quoi Malesherbes répond : « Envoyez-les chez moi. Personne ne viendra les y chercher. » Grâce à sa bienveillance, à celle du comte d'Argenson, l'interdiction est levée l'année suivante.

L'édifice s'élève, contre vents et marées. En 1757, sur dix-sept volumes de texte, sept ont paru. Mais de graves défections se produisent : d'abord celle de Jean-Jacques Rousseau. Puis celle de d'Alembert. L'académicien estime qu'il n'est point assez payé pour jouer le rôle ingrat et périlleux de porte-enseigne. Et puis, il flaire le vent. Il sent que les mauvais jours approchent.

En effet, l'attentat de Damiens a réveillé les terreurs du roi. Il répudie tout libéralisme et rend sa confiance aux partis d'oppression. En vain Diderot s'est imposé le dur sacrifice de voiler sa pensée dans ses articles. Sous couleur de railler les Encyclopédistes, qu'on appelle les *Cacouacs*, on les représente comme des factieux, des perturbateurs de l'ordre. Des évêques, dans leurs mandements, dénoncent les intentions criminelles des philosophes. On poursuit l'*Encyclopédie*. En 1759, un double arrêt du Conseil d'État révoque le privilège accordé à l'ouvrage.

Défense de vendre les exemplaires tirés. Défense d'en imprimer d'autres. Ordre de rembourser les souscriptions. Est-ce la fin?

Diderot est seul, tout seul, depuis la défection de son associé. Ses libraires sont tremblants, découragés. Il a contre lui le clergé, la Sorbonne, le Parlement, les Jésuites, le roi. Voltaire lui propose d'éditer l'*Encyclopédie* à Genève. Lui-même reçoit des offres analogues de Saint-Pétersbourg, de Berlin. Il les repousse. Il luttera sur place. Ses dons de séduction, d'éloquence, d'enthousiasme, s'exaltent dans l'extrême péril. Il rallie ses anciens protecteurs. Il en gagne de nouveaux : M. de Sartine, M. de Choiseul, Mme Geoffrin, Mme de Pompadour. Bref, il obtient de continuer secrètement l'impression.

Mais il n'est pas encore autorisé à distribuer les exemplaires. On attend des jours meilleurs. Ils viennent. En 1762, l'expulsion des Jésuites, décidée par M. de Choiseul, délivre Diderot de ses pires ennemis. Désormais, les volumes sont expédiés sous le manteau à des souscripteurs privilégiés, que désigne M. de Sartine.

Voltaire a raconté comment prit fin cette distribution clandestine, fort incommode. A la fin d'un souper à Trianon, deux convives disputent, devant Louis XV, sur la composition de la poudre à canon. Ah ! si l'on avait l'*Encyclopédie*... Qu'à cela ne tienne. On a tellement dit au roi que c'était « la chose la plus dangereuse du monde », qu'il a voulu s'en assurer. Il a l'*Encyclopédie*. Des valets apportent l'ouvrage. Le litige sur la poudre une fois réglé, on feuillette tous les volumes. Mme de Pompadour s'instruit sur le rouge d'Espagne et de Paris, sur la poudre des dames grecques et romaines. Elle apprend comment on tisse ses bas sur le métier. Ce ne sont qu'exclamations : « Le beau livre ! Ah ! le beau livre. » Chacun y trouve ce qu'il cherche. Le roi y découvre même tous les droits de sa couronne ! Il consent que l'ouvrage est bon et lève l'interdit.

En 1765, les dix derniers volumes de texte sont distribués. Jusqu'à l'achèvement des onze volumes de planches, en 1772, Diderot ne connaîtra plus qu'une alerte, ou plutôt qu'un déboire. En feuilletant un exemplaire, il s'aperçoit que le libraire Le Breton, par peur de la Bastille, avait pris sur lui de rogner ses articles. « Ce fut, dit Mme de Vandeul,

un extrême chagrin pour mon père. Il pensa en tomber malade et ne s'en consola jamais. Il s'imaginait que le lecteur s'apercevrait, comme lui, de ces lacunes. » Ah ! c'est bien d'un auteur, de s'affecter d'une coupure, après avoir triomphé de tant d'obstacles...

Dans cette longue épreuve, c'est toujours vers Sophie qu'il se tourne. C'est à elle qu'il confie ses craintes, ses amertumes et sa lassitude. Il lui rapporte, mot pour mot, la conversation où d'Alembert lui annonce sa retraite. Pendant son voyage à Langres, il apprend le second arrêt du Conseil d'État, qui révoque décidément le privilège de l'*Encyclopédie*. Le bruit court qu'il est parti pour la Hollande afin d'y achever l'ouvrage. Il rassure son amie. De Châlons, il lui écrit : « Quels ennemis nous avons ! Qu'ils sont constants ! Qu'ils sont méchants ! En vérité, quand je compare nos amitiés à nos haines, je trouve que les premières sont minces, petites, fluettes ; nous savons haïr, mais nous ne savons pas aimer. »

Plus tard, elle lui demande ce que sont les *Cacouacs* : « Les *Cacouacs* ? C'est ainsi qu'on appelait l'hiver passé tous ceux qui appréciaient les principes de la morale au taux de la raison, qui remarquaient les sottises du gouvernement et qui s'en expliquaient librement. Tout cela bien compris, vous comprendrez encore que je suis Cacouac en diable, que vous l'êtes un peu, et votre sœur aussi, et qu'il n'y a guère de bon esprit et d'honnête homme qui ne soit plus ou moins de la clique. »

Souvent, la préparation d'un volume lui interdira d'aller à Isle, où son amie le presse de la rejoindre. Il est rivé à sa tâche : « Où j'étais ces jours derniers qu'il faisait si beau? J'étais enfermé dans un appartement très obscur, à m'user les yeux, à collationner des planches avec leurs explications. »

Parfois même, son travail l'empêche d'écrire régulièrement à Sophie. « Grondez-moi un peu, mais plaignez-moi beaucoup... Je ne crois pas avoir autant travaillé de ma vie... Mes libraires veulent publier deux volumes à la fois ; ainsi, voyez-moi entouré de planches de la tête aux pieds. »

Sa tête se lasse. Le fardeau qu'il a porté plus

de vingt ans l'a si bien courbé qu'il désespère de se redresser. Il aspire au moment où il pourra crier : « Terre ! Terre ! » Il ne cesse pas de se plaindre à son amie des libraires, « ces gens dont nous faisons la fortune et qui m'ont condamné à mâcher des feuilles de laurier ».

Aussi, quand l'ouvrage touche à sa fin, il se réjouit de quitter l'imprimerie de Le Breton, qu'il appelle l'Atelier et où il a travaillé tant d'années : « Je n'y reviendrai plus guère, dans ce maudit atelier où j'ai usé mes yeux pour des hommes qui ne me donneront pas un bâton pour me conduire... Dans huit ou dix jours, je verrai donc la fin de cette entreprise qui m'occupe depuis vingt ans, qui n'a pas fait ma fortune, à beaucoup près, qui m'a exposé plusieurs fois à quitter ma patrie ou à perdre ma liberté, et qui m'a consumé une vie que j'aurais pu rendre plus utile et plus glorieuse... »

Et pourtant, il sent qu'un si vaste labeur ne restera pas vain, qu'il a préparé l'avenir. Et s'il se console de sa lassitude, c'est encore en confiant à son amie son espoir d'avoir bien mérité des hommes. « Cet ouvrage produira sûrement avec le temps une révo-

lution dans les esprits, et j'espère que les tyrans, les oppresseurs, les fanatiques et les intolérants n'y gagneront pas. Nous aurons servi l'humanité ; mais il y aura longtemps que nous serons réduits dans une poussière froide et insensible, lorsqu'on nous en saura quelque gré. »

VI

L'ÉNIGME

Diderot fut-il l'amant de Sophie Volland, au sens actuel du mot? Je dis bien au sens actuel. Car, au sens ancien, l'amant d'une femme n'avait pas nécessairement pris avec elle les dernières libertés. Donc, Diderot et Sophie Volland furent-ils amants? Ce n'est pas la moindre des énigmes de la vie du philosophe.

C'est encore aux lettres à Sophie qu'il faudra demander la clef du mystère. Jusqu'ici, aucun autre document ne l'a livrée. Ces lettres elles-mêmes ont cheminé par des voies assez obscures avant de voir le jour. Selon la tradition, elles furent remises à Diderot après la mort de son amie. Il en confia des copies à Grimm, qui les emporta en quittant la France. On ignore comment elles tombèrent aux mains d'un Français établi en Russie, Jeudy-Dugour, qui les vendit au libraire Paulin. Bref, elles furent publiées en 1830.

Voilà donc bientôt un siècle qu'on s'efforce de leur arracher leur secret. Car nombre d'esprits se sont passionnés pour cette énigme. Tous ceux qui ont étudié Diderot ont donné leur avis sur ce point délicat. A de rares exceptions près, ils ont conclu que Sophie fut la maîtresse du philosophe.

Quelle curieuse consultation s'est ainsi poursuivie pendant tout le dix-neuvième siècle... Il y a là le biographe timoré, qui balance avant d'opiner. Ainsi Maurice Tourneux, l'auteur des *Amours de Diderot* et l'éditeur de ses œuvres, déclare d'abord que les lettres à Sophie sont trop incomplètes pour permettre de se prononcer. Puis il prend un détour ingénieux. Il rappelle la thèse que Sainte-Beuve voulait développer dans une nouvelle intitulée *Le Clou d'Or* : une heure de félicité complète, une seule, entre deux amants, suffit à leur assurer un bonheur, désormais chaste, mais solide et durable.

Et il suggère que Diderot a peut-être connu cette heure unique, ce clou d'or où sa longue liaison serait restée suspendue.

D'autres critiques de cette sorte, comme Ducros, semblent d'abord déconcertés par ces allusions brûlantes ou voilées, dont fourmille la correspondance et qui laissent tout supposer sans rien révéler. Ils en font le tour, envisagent un instant l'hypothèse d'un amour platonique, puis finalement refusent de s'y arrêter.

Il y a le biographe résolu. Ainsi, Joseph Reinach nous apprend que Sophie Volland « se donna sans phrase... pour ne pas faire souffrir celui qui ne vivait que pour elle. »

Ces hommes décisifs viennent de tous les points de l'horizon. Certains sont de grands connaisseurs, de grands voluptueux, comme Arsène Houssaye qui s'écrie, à propos de Diderot : « Amant de sa femme, amant de sa maîtresse, amant de toutes les femmes ! » Et M. de Lanessan lui fait écho : « Il ne pouvait pas être en tête à tête avec une femme sans que la vertu de celle-ci ne fût mise en péril. »

Certains, au contraire, ont vécu loin du plaisir,

ou de la vie, dans les milieux d'académie et les revues austères. Ils n'en sont pas moins catégoriques. « Quelle idée invraisemblable, écrit M. Caro, que de parler de platonisme au dix-huitième siècle et à propos de Diderot, quand on connaît sa manière de voir sur les relations de ce genre et l'indifférence de certaines actions physiques. »

Et M. Alfred Mézières nous assure gravement : « L'idée de faire de Diderot un amant platonique aurait égayé tout le dix-huitième siècle. Il ne se piquait pas de ce genre de vertu, il ne dissimulait pas son goût pour les réalités. Le ton prodigieusement libre des lettres qu'il écrit à Mlle Volland nous apprend qu'elle pouvait tout entendre. On en conclut naturellement qu'elle lui avait tout permis. »

Voilà pour le dix-neuvième siècle. Mais en 1913, de nouvelles pièces sont versées au dossier, après la mort d'Albert de Vandeul, dernier du nom. Des archives, ensevelies au château de famille, à Orquevaux (Haute-Marne), revoient le jour. Il y a là, pour les amis de Diderot, d'inestimables trésors : la correspondance intime des Vandeul et des Caroillon, de nouvelles lettres de Diderot à Grimm, à Dami-

laville, à sa femme, un manuscrit de *La Religieuse*, enfin les lettres originales à Sophie Volland, cette série même que numérota Mme de Vandeul. Série encore incomplète, malheureusement, mais qui contient pourtant nombre de morceaux inédits.

M. Paul Ledieu en a donné la fleur dans son précieux livre *Diderot et Sophie Volland*, paru en 1925. Or, après nous avoir offert la primeur de quelques passages, en effet fort troublants, M. Ledieu ajoute cette phrase, qui a le coupant d'un verdict : « La question jusqu'ici débattue par les critiques, de savoir s'il n'y a eu entre Diderot et Sophie Volland qu'amitié amoureuse, attachement intellectuel, me paraît tranchée. »

« L'homme le mieux informé, pour la biographie générale de Diderot, est le chanoine Marcel, à Langres », m'avait écrit l'érudit Daniel Mornet. Puis d'autres spécialistes du dix-huitième siècle, comme s'ils se donnaient le mot, m'adressèrent encore au chanoine Marcel. Il me restait donc à entendre ce témoin capital, bien qu'il me parût fort délicat d'interroger un ecclésiastique sur le point en litige. A tout hasard, je partis pour Langres. N'était-ce pas en même temps l'occasion de faire un pèlerinage au pays natal de Diderot?

Nous sommes allés deux fois à Langres. Ce sont de bien touchants voyages. Lorsqu'on a vécu, pendant des mois, parmi l'œuvre, la pensée, la mémoire d'un Diderot, on goûte un plaisir doux et fin devant les souvenirs sensibles de sa vie.

Comme elle me parut émouvante, la maison de son enfance, la maison où régnait le maître coutelier Didier Diderot, à l'enseigne de « La Perle »... Elle se dresse sur la place principale, jadis place Chambeau, aujourd'hui place Diderot, juste derrière la statue du philosophe. Elle est petite : entre une boutique et la mansarde, deux étages à deux fenêtres. On voit encore à Langres beaucoup de ces façades planes et grises, à joints apparents, d'un grain si dur et si serré qu'elles semblent taillées dans de la pierre à couteau.

Sur cette place, quelques maisons contemporaines de Diderot subsistent encore. Elles l'ont vu, tout

enfant, ce jour où, sortant du collège, parmi le cortège de ses camarades, les bras chargés de prix, des couronnes passées autour du cou, il regagnait le logis paternel. Peut-être l'ont-elles vu, en pleine célébrité, des années après la mort de son père, lorsqu'il fut accosté par un Langrois qui lui prit le bras et lui dit : « Monsieur Diderot, vous êtes bon ; mais si vous croyez que vous vaudrez jamais votre père, vous vous trompez. » Jamais propos, disait-il, ne lui fit tant de plaisir.

Certes, la place Chambeau a subi bien des transformations. Mais il existe un décor qui n'a pas changé, où Diderot se retrouverait aujourd'hui comme au temps où il y venait rêver à son amie : la romantique promenade de Blanchefontaine, aux portes de la ville. Il l'a décrite à Sophie, pendant son voyage de 1759. A l'extrémité d'une allée de grands arbres, jaillit une fontaine. Ses eaux coulent dans trois bassins placés les uns au-dessous des autres et reliés par des canaux en pente. Le dernier bassin est entouré de tilleuls. « Entre chaque tilleul, on a construit des bancs de pierre ; c'est là que je suis à cinq heures. Mes yeux errent sur le plus beau paysage

du monde... Je passe dans cet endroit des heures à lire, à méditer, à contempler la nature et à rêver à mon amie. » Et l'on montre encore aujourd'hui celui de ces bancs de pierre où, selon la tradition, venait s'asseoir le philosophe.

Langres possède d'autres souvenirs de Diderot. A l'Hôtel de Ville, on conserve son buste par Houdon, qu'il offrit à sa cité natale en 1781, sur la demande de la municipalité. Au Musée, nous étions guidés par le docteur Brocard, fervent admirateur de Diderot, qui a réuni une collection unique : près de cent trente effigies du philosophe. Il nous conduisit devant une vitrine d'objets, légués par Albert de Vandeul, qui ont appartenu à Diderot : quatre petits bustes, sa pendule, sa canne à pomme d'or, son encrier à clochette, celui-là même qui figure dans son portrait du Louvre.

Le musée de Langres possède aussi un très vivant portrait de Diderot, par Michel Van Loo. Tous les biographes du philosophe parlent de ses yeux « pleins de feu ». Mais aucun n'en révèle la couleur. Je voulus la connaître. La salle était mi-obscure, le portrait terni par l'âge, assez haut placé. Voyant notre

embarras, le gardien courut chercher une chaise et invita le plus jeune d'entre nous à l'escalader. Le plus jeune, c'était le petit-fils d'Anatole France, qui est également, comme on sait, l'arrière-petit-fils de Renan. Aussi vit-on ce spectacle assez imprévu : juché sur une chaise, le descendant d'Anatole France et de Renan interrogeant les yeux de Diderot. Ils étaient marron clair.

Notre pèlerinage s'acheva par la visite au chanoine Marcel. Il habite un vénérable logis, simple et ciré comme une sacristie, où glissent des religieuses. Dressé sur son petit bureau, je remarquai le portrait d'un de mes confrères qui, à la veille d'écrire sur Diderot, s'annonçait au chanoine par l'envoi de sa photographie et de quelques références de presse. Je cite ce menu trait pour montrer combien la renommée du chanoine Marcel est étendue.

C'est un vieillard aussi bienveillant que modeste, d'une extraordinaire vivacité d'esprit, de regard et de gestes. Dès les premiers mots, je m'aperçus qu'il avait étudié Diderot avec plus de soin que de sympathie. Une pensée singulière me traversa. Le philosophe avait un frère chanoine : un homme extrême-

ment charitable, qui se dépouillait pour les indigents, une manière de saint, mais dont la foi religieuse n'avait jamais pardonné l'impiété fraternelle. Eh bien, si je croyais à la réincarnation, j'affirmerais que l'âme du chanoine Diderot habite le chanoine Marcel. Il garde rigueur à l'athée, mais il le connaît comme son propre frère.

Dans des ouvrages patients et fouillés, abondants en découvertes, il a étudié le mariage, la mort, tout le proche entourage du philosophe. Quand il feuillette cette énorme érudition, il semble évoquer des souvenirs de famille. Il donne l'impression d'avoir vécu au temps de Diderot, dans la petite maison de la place Chambeau. Il en sort. Devant le maître coutelier, sa femme Angélique, leur fille Denise, il vient de parler, un peu sévèrement, de ce frère Denis qui, là-bas, mésuse de ses dons et se couvre d'une gloire impie. Mais comme il s'intéresse passionnément à ce mécréant déplorable...

Quand nous en arrivâmes à Sophie Volland, j'avançai à petits pas, bien que le chanoine se fût exprimé déjà, sur l'ensemble de la vie amoureuse de Diderot, toujours sans indulgence, mais sans nulle

pruderie. Afin de sonder le terrain, je risquai que Mlle Volland n'avait peut-être été, pour le philosophe, qu'une amie tendre. Il bondit dans son fauteuil :

— Ah! permettez, permettez. Ce n'est pas à un vieux chanoine comme moi qu'il faut raconter des histoires pareilles.

Et il mit les choses au point. Tout surpris par sa fougue, je tentai pourtant de jeter un doute dans son esprit. Je lui citai une lettre où Diderot dit à Sophie qu'il la retrouvera, « et pour cause », dans le paradis des vierges.

A quoi le chanoine répliqua avec une extrême vivacité :

— Bah! c'était pour se moquer une fois de plus des vierges et du paradis.

Cette fois, la cause semblait jugée.

Eh bien, au risque d'égayer tout le dix-huitième siècle, comme dit M. Alfred Mézières, j'essaierai de démontrer que Sophie Volland ne fut pas la maîtresse de Diderot. Je n'obéis pas au goût du paradoxe ni de la contradiction. Je n'obéis pas au désir de défendre Diderot contre ceux qui, plus ou moins consciemment, voient dans sa conduite une conséquence de sa morale et ne chargent l'une que pour condamner l'autre. D'ailleurs, eût-il été l'amant de Sophie qu'il ne m'en paraîtrait pas plus répréhensible. Entre telle et telle privauté, je ne vois pas tant de différence. Non. J'obéis simplement à ma conviction.

Avant de donner mes arguments, je dois dire que j'ai rencontré, au cours de mes lectures, un unique allié. Il est assez inattendu. A Langres, en 1913, aux fêtes du bi-centenaire de Diderot, un de ses notoires compatriotes, Camille Flammarion, né aux environs, à Montigny-le-Roi, prononça un discours qui eut les honneurs de la brochure. Le bibliothécaire de la ville nous en donna fort obligeamment un exemplaire. Le célèbre astronome connaissait la vie. Il n'avait pas uniquement contemplé les étoiles. C'est donc la voix de l'expérience qu'il fait entendre. Or, il déclare, à propos des lettres à Sophie Volland :

« En les lisant, on croit deviner que si Mlle Volland avait en Diderot un amoureux très sincère, très admirateur, très ardent même, elle n'avait peut-être pas pour cela un amant... »

Passons à l'examen des textes, c'est-à-dire des lettres à Sophie. On a dit, il est vrai, que les plus passionnées avaient été supprimées par Diderot lui-même ou par ses proches. Mais ce n'est qu'une hypothèse. Elle explique à peu près la disparition du début de la correspondance, dont le ton aurait été particulièrement vif et chaud. Mais elle n'explique pas du tout les lacunes analogues que présente la suite des lettres, ces silences de deux ou trois ans, surtout de 1770 à 1773. A cette époque Diderot touchait à la soixantaine et, malgré toute sa constance, il avait modéré ses feux. Bref, rien ne prouve que les passages supprimés soient justement les plus compromettants.

D'ailleurs, il en reste d'assez troublants, qui jettent le doute dans l'esprit, à première lecture. Il faut donc les lire deux fois. L'un des plus connus est écrit du Grandval en 1760. Le vent et la pluie ont fait rage pendant la nuit : « Combien de fois un ciel qui se fondait en eau ne m'a-t-il pas été favorable? Le bruit d'un lit que le plaisir fait craquer se perd, se dérobe, ou est mis par une mère sur le compte du vent. C'est alors qu'on peut sortir de sa chambre sur la pointe du pied, qu'une porte peut crier en s'ouvrant, se fermer durement, qu'on peut faire un faux pas en s'en retournant, et cela sans conséquence. Ah ! si j'étais à Isle, et que vous voulussiez ! Ils diraient le lendemain : la nuit affreuse qu'il a fait ! Et nous nous tairions, et nous nous regarderions en souriant. » Mais ce ne sont pas là des réminiscences. Car, en 1760, jamais Diderot et Sophie ne s'étaient rencontrés à Isle. Et un certain « que vous le voulussiez » montre, au contraire, que, jusqu'alors, Sophie n'avait pas voulu.

Ce sont là des jeux de l'imagination. Il s'y plaît. Il s'y dépense. Après avoir célébré les Vordes, les peupliers d'Isle-sur-Marne, Diderot écrit : « C'est là que je sacrifierais à Pan et à la Vénus des champs, au pied de chaque arbre, si on le voulait, et qu'on me donnât du temps. Vous me direz peut-être qu'il y a bien des arbres ; mais c'est que, quand je me promets une vie heureuse, je me la promets

longue. » Au pied de chaque arbre... Ne sommes-nous pas en pleine fantaisie ?

Ailleurs encore, il imagine un petit asile où il vivrait un siècle près de son amie. « Est-il prêt, ce petit asile? Venez le partager ! Nous nous verrons le matin; j'irai, tout en m'éveillant, savoir comment vous avez passé la nuit; nous causerons; nous nous séparerons pour brûler de nous rejoindre; nous dînerons ensemble; nous nous promènerons au loin, jusqu'à ce que nous ayons rencontré un endroit dérobé où personne ne nous aperçoive... Nous rapporterons sur des fauteuils la douce et légère fatigue des plaisirs... et nous passerons un siècle pareil sans que notre attente soit jamais trompée. Le beau rêve ! » Diderot le dit lui-même : ce n'est qu'un rêve. Et les plaisirs qu'il invoque sont aussi chimériques que leur longue durée. Un siècle !...

Ces passages sont connus depuis 1830. Voyons maintenant les pièces récemment exhumées. L'une d'elles a paru décisive : « Si vous saviez comme je me porte, quelles couleurs, quel visage, quel embonpoint, la belle santé de reste. Quelle nuit que la nuit dernière. Il y avait longtemps que je ne connaissais ni ce plaisir, ni cette douleur. Mais n'est-ce pas une chose bien bizarre, que le songe n'offre presque jamais à mon imagination que l'espace étroit et nécessaire à la volupté ; rien autour de moi ; un étui de chair et puis c'est tout. » Ce passage n'apparaît concluant que si l'on admet, avec M. Alfred Mézières, que Sophie, « parce qu'elle pouvait tout entendre de Diderot, lui avait tout permis. » Mais ce raisonnement me paraît bien téméraire. Une extrême liberté de langage, chez cet homme excessif en paroles, n'entraîne pas nécessairement une extrême liberté de gestes.

Le dernier témoignage est tiré, non plus des lettres à Sophie Volland, mais des lettres inédites à Grimm. Plusieurs fois, Diderot parle à son ami du « petit escalier » qui lui donne accès à l'appartement de Mlle Volland. Pendant ces visites qui leur étaient permises, ils n'étaient pas à l'abri d'une surprise. « Nous étions bien pressés de nous retrouver. J'y allais un jour, et par le petit escalier. Il y avait environ une heure que nous étions ensemble, lorsque nous entendons frapper; eh bien, mon ami, celle qui frappait, c'était elle, oui, elle, sa mère. Je ne dirai

rien du reste. Je ne sais ce que nous devînmes tous les trois. Nous restâmes debout, Sophie et moi. Sa mère ouvrit un secrétaire, prit un papier et s'en retourna; depuis, on parle d'aller à sa terre, et pour cette fois, l'enfant est du voyage. On va l'entraîner pour la faire périr d'ennui. Quel avenir ! (1er mai 1759). Voilà l'extrême confidence, la plus révélatrice, puisque Diderot n'a rien de caché pour son ami. Mme Volland a-t-elle surpris le philosophe et Sophie dans un désordre décisif? Après avoir scruté les mots, le lecteur appréciera.

J'arrive à la contre-partie, c'est-à-dire aux passages des lettres à Sophie où Diderot laisse entendre ou rappelle clairement qu'elle ne lui a jamais accordé ce qu'il est convenu d'appeler les dernières faveurs.

Tandis qu'il se rendait de Langres à Isle-sur-Marne, en 1759, Diderot fit escale au village de Vignory. « Ma Sophie, quel endroit que ce Vignory !... Imaginez-vous une centaine de cabanes entourées d'eau, de vieilles forêts immenses, des coteaux et des ruisseaux qui coupent les prairies. Non, pour l'honneur des garçons de ce village, je ne veux pas me persuader qu'il y ait là une fille pucelle passé quatorze ans ; une fille ne peut pas mettre le pied hors de sa maison sans être détournée ; et puis le frais, le secret, la solitude, le silence, le cœur qui parle, les sens qui sollicitent... Ma Sophie, ne verrez-vous jamais Vignory ? » Ajouterai-je que, suivant la même route que Diderot, de Langres à Isle-sur-Marne, nous nous sommes scrupuleusement arrêtés à Vignory ? Rien ne nous a permis d'affirmer que les mœurs de ce charmant village aient changé depuis cent cinquante ans. Ses environs offrent toujours ces séductions qui, selon Diderot, eussent enfin triomphé de Sophie.

Autre passage, plus significatif, daté de 1765. A la rigueur, on objectera qu'il pouvait être destiné à Mme Legendre. Vers cette époque, Diderot n'écrivait-il pas volontiers pour les deux sœurs ? Mais cette fois, il s'adresse uniquement à son amie. « Vous êtes enchantée si un homme bien épris attache sur vos yeux ses regards pleins de tendresse et de passion ; leur expression passe dans votre âme, et elle tressaille. Si ses lèvres s'appuient sur les vôtres, vous sentez votre âme s'élancer pour venir s'unir à la sienne ; si dans ce moment ses mains serrent les

deux vôtres, il se répand sur tout votre corps un frémissement délicieux, tout vous annonce un bonheur infiniment plus grand. Tout vous y convie : et vous ne voulez pas mourir et faire mourir de plaisir... Si vous sortez de ce monde sans avoir connu ce bonheur, pouvez-vous vous flatter d'avoir été heureuse et d'avoir vu et fait un heureux? »

Enfin, en 1767, après avoir célébré sa propre fidélité, qui résiste aux séductions du Grandval, il ajoute : « Je serai placé tout au moins au deuxième ciel du paradis des amants, parmi les vierges où j'espère vous trouver, et cela pour cause que vous savez. »

Ces trois traits ne soulignent-ils pas la vérité? Pour qui, pourquoi Diderot risquerait-il ces allusions à une virginité qui ne serait plus?

Ce n'est pas tout. On trouve, dans les lettres à Sophie Volland, des indications d'un ordre plus subtil. Peut-être serai-je mal compris des femmes, parce que les hommes, de toute éternité, les ont laissées prudemment dans l'ignorance sur ce point capital. Mais les hommes, eux, me comprendront.

A partir de la cinquantaine, Diderot parle une

demi-douzaine de fois, dans ses lettres, de ce qu'il appelle sa nullité. Il entend par là cet état où l'homme, désarmé par l'âge, ne peut plus franchir les portes du plaisir et doit définitivement baisser pavillon.

Cette nullité, il l'a laissé deviner à Grimm le jour où, voyant sa tête tout argentée, il déclare qu'il échappe « au maître sauvage et furieux ». Dans une boutade, il l'a avouée tout net à d'Alembert, cruellement malade : « D'Alembert, vous ne vivez plus que pour la douleur ; moi, je suis nul ; quand vous voudrez, nous finirons ; qu'avons-nous de mieux à faire? »

Mais il y revient dans ses lettres à Sophie. D'abord à propos d'une anecdote : « Un homme pressait très vivement une femme et cette femme soupçonnait que cet homme n'avait pas la raison qu'il faut pour être pressant ; elle lui disait : « Monsieur, prenez-y garde, je m'en vais me rendre. » Passé cinquante ans, il n'y en a presque aucun de nous que cette franchise n'embarrassât... J'en excepte cependant les prêtres et les moines, parce qu'il y a des grâces d'état. »

Plus tard : « Vous ne sauriez croire combien on a l'âme honnête quand on a cinquante ans, et avec quel courage on se refuse au plaisir qu'on n'est plus en état de goûter ! Quand une jeune femme serait disposée à m'entendre, puis-je ignorer combien j'aurais peu de chose à lui dire?... Ah ! nous sommes tous bien sages, quand nous n'avons plus les moyens d'être fous. »

Enfin, dans une lettre à Sophie, où il feint, par badinage, de faire la cour à Mme de Blacy, « son amoureuse », il avoue : « Je suis vieux, mais il est sûr qu'il n'y paraît pas ; on ne le croirait jamais, à moins que je ne révèle mon secret, ce que je ne fais pas volontiers avec les femmes que j'aime et dont je veux être aimé aussi longtemps que je pourrai leur en imposer. Mademoiselle, n'allez pas commettre cette indiscrétion-là avec mon amoureuse ; elle a, je crois, la meilleure opinion de moi ; je ne veux pas la perdre ; laissez-lui tout le mérite qu'elle peut avoir à me résister. Vous voyez bien qu'il n'est bon ni pour elle ni pour moi de savoir qu'en renonçant à moi elle ne renonce à rien. »

Ces aveux devraient suffire à montrer que Diderot

ne fut pas l'amant de Sophie Volland. Car les hommes sont tellement orgueilleux de leur puissance virile, ils ont attaché tant de honte à leur déchéance prochaine, qu'en général ils en parlent le moins possible. Et il y a une personne au monde à qui ils n'en parlent pas du tout : c'est précisément leur maîtresse.

Enfin, il faut bien reconnaître que Sophie Volland devait avoir plus de séduction, de charme spirituels, que d'attraits voluptueux. « Il y a quatre ans que vous me parûtes belle », lui écrit Diderot. Mais elle lui avait paru belle parce qu'il l'aimait. Et quelques années après, il lui déclare : « Le temps, qui dépare les autres, vous embellit. » Ne montre-t-il pas par là même qu'il s'agit de beauté morale? Car nous savons tous, hélas! que le temps n'améliore pas la beauté physique.

Tous les biographes de Diderot ont fait allusion à la « menotte sèche » de Sophie Volland, à ses lunettes qu'elle portait avant la quarantaine. Sa santé était extrêmement délicate. « Elle payait de quinze mauvais jours un petit verre de vin et une cuisse de perdrix de trop. » Son ami la réprimande

doucement de ces légers excès : « Et qui est-ce qui vous a permis de vivre comme ceux qui se portent bien? » Sans cesse il s'inquiète. Dès les premières années de leur liaison, il interroge : « Plus de mal au sein? Plus d'enflure aux jambes? Plus de lassitude? » Même de loin, il l'entoure de soins : « Veillez bien sur votre santé ; ne vous exposez pas au serein ; vous connaissez quelle méchante petite poitrine de chat vous avez et à quels terribles rhumes vous êtes sujette. » Tout l'attrait de Sophie Volland n'est-il pas dans les dons éblouissants de cœur et d'esprit qui rayonnaient de son corps fragile?

Au fond, qu'importe où s'arrêtèrent leurs caresses? N'y a-t-il pas, dans le prix singulier qu'on attache au signe virginal, un reste de préjugé, de lointain fétichisme? Un obscur besoin d'amour pousse deux êtres à supprimer entre eux toute barrière, à disposer de l'autre aussi librement que de soi-même : parmi les plaisirs qu'ils se donnent, en est-il un qui soit vraiment décisif? Les bagatelles de la porte ont-elles vraiment moins d'importance que la porte? Quelle que fût la nature de leur tendresse, Sophie Volland a joué dans la vie de Diderot ce rôle capital : elle a allégé, elle a ennobli, elle a exalté cette vie. Voilà l'essentiel, qui domine de très haut tout le reste.

Elle a allégé la vie de son ami. On a vu comme il se tournait vers elle lorsqu'il gémissait sous le poids de son labeur. C'est d'elle qu'il attendait la consolation, le sage conseil, le réconfort. Elle partageait le fardeau. « Je suis tout pour vous, vous êtes tout pour moi ; nous supporterons ensemble les peines qu'il plaira au sort de nous envoyer ; vous allégerez les miennes, j'allégerai les vôtres. » Pour lui, elle était le refuge : « L'esprit abattu, la tête lasse et paresseuse, le corps en piteux état. Il ne me reste de bon que la partie de moi-même dont vous vous êtes emparée. C'est un dépôt où je la trouve si bien que j'ai résolu de l'y laisser toute ma vie. » Un jour, accablé par les soucis domestiques, il souhaite que la mort l'en délivre. Et c'est encore la pensée de son amie qui le sauve du désespoir : « Demain, la tendresse et tout son doux cortège reprendront leur place, et je ne voudrai plus mourir. »

Elle a ennobli sa vie. Chez Diderot, l'amour fortifie le respect de soi-même. Il a pris son amie pour juge, et il ne veut pas déchoir à ses yeux : « J'ai élevé dans mon cœur une statue que je ne voudrais jamais briser ; quelle douleur pour elle si je me rendais coupable d'une action qui m'avilît à ses yeux !... Aimez-moi donc toujours afin que je craigne toujours le vice. Continuez de me soutenir dans le chemin de la bonté. » Elle est sa conscience et son modèle. Certain d'être aimé de la plus rare, de la plus noble des femmes, il entend mériter une telle récompense. « Oh ! mon amie, ne faisons point le mal, aimons-nous pour nous rendre meilleurs, soyons-nous, comme nous l'avons été, des censeurs fidèles l'un à l'autre... Rendez-moi digne de vous, inspirez-moi cette candeur, cette franchise, cette douceur qui vous sont naturelles. »

Elle a exalté sa vie. Elle a jeté, sur l'existence du philosophe, un éclat précieux qu'il n'eût pas connu sans elle. Près d'elle, il vit pleinement : « Avec vous, je sens, j'aime, j'écoute, je regarde, je caresse, j'ai une sorte d'existence que je préfère à toute autre. » Loin d'elle, l'ivresse d'être aimé l'anime et le transporte encore. « J'étais plein de la tendresse que vous m'aviez inspirée quand j'ai paru au milieu des convives ; elle brillait dans mes yeux ; elle échauffait mes discours ; elle disposait de mes mouvements ; elle se montrait en tout... Je leur semblais extraordinaire, inspiré, divin... Tous étaient étonnés... C'était comme un feu qui brûlait au fond de mon âme, dont ma poitrine était embrasée. »

Ainsi, même lointaine, elle était présente. Et pendant près de trente ans, penchée sur lui comme un invisible échanson, elle lui a versé ce divin cordial qui l'a soutenu, ennobli, exalté. Amie ou maîtresse, qu'importe? Elle fut la déesse de sa vie.

VII

LES INFIDÉLITÉS

Pendant ces trente années-là, Diderot a certainement connu des tentations, des velléités d'aventures, des moments de moindre ferveur. Ces dépressions passagères, ces oscillations de surface, sont inévitables. Elles marquent les pulsations, le rythme même de la vie. Elles en sont le signe. Si on la montrait tout unie, toute lisse, cette longue tendresse apparaîtrait moins vraie.

Notons tout de suite que si Diderot n'a pas été l'amant de Sophie Volland, il n'a pas pu, à proprement parler, lui être infidèle. Ne serait-ce pas pour cette raison qu'il célèbre si volontiers sa fidélité dans ses lettres? Car il ne s'en fait pas faute. A trois ans d'intervalle, il répète, presque dans les mêmes mots, le même serment : « Si je vous trompais une fois, je pourrais vous tromper mille ; mais je ne vous tromperai pas. »

De lui-même, il raconte à son amie les assauts qu'il a repoussés. Il lui fait hommage de ces petites victoires. Il en dépose à ses pieds les trophées. A Langres, pendant son voyage de 1759, une frivole marquise, un matin, le surprend presque au lit. Elle tombe folle de lui. Il feint de répondre à sa flamme. Déjà elle arrange leur vie ensemble : chaque année, ils passeront neuf mois à Paris, trois mois dans une retraite champêtre. Elle l'accable de billets doux. Il se dérobe alors, « avec le plus d'esprit possible, le moins de sentiment et le plus de cette méchanceté qui ne s'aperçoit pas. » Il ajoute même ingénument, pour ne point exagérer son mérite, que le mari de la marquise n'avait point la réputation de se bien porter.

Il adore « faire le fou ». A Massy, chez Le Breton, le libraire de l'*Encyclopédie*, il s'amuse à « jouer le passionné » près de Mme Le Breton, qui

est quinquagénaire, spirituelle et bouffonne. « Elle ne s'y méprend pas, ni son mari non plus, et cela donne un tour plaisant à la conversation. » Elle se regarde comme hors de cause et lui tient les propos les plus scabreux. Elle lui a même promis une tabatière d'or. Mais le jour où il s'aperçoit que Le Breton a mutilé certains de ses articles, c'en est fini du badinage. « Adieu la tabatière d'or que la bonne vieille m'avait promise. Mais en vérité je voudrais, et pour la tabatière, et pour dix fois autant de louis qu'elle en contiendrait, que le massacre de mon ouvrage n'eût pas été fait. »

Certaines femmes le recherchent pour sa célébrité. « A propos, savez-vous bien qu'il ne tient qu'à moi d'être vain ! Il y a ici une Mme Necker, jolie femme et bel esprit, qui raffole de moi : c'est une persécution pour m'avoir chez elle. » D'autres s'efforcent de le séduire précisément parce qu'elles savent son attachement pour Sophie Volland. Devant une coquette, qu'il ne nomme point, il rêve d'un petit logis aux champs. Suard, qui est en tiers, insinue qu'elle pourrait y rendre visite au philosophe. Elle déclare qu'elle le voudrait bien, mais que cela est impossible. « Et avec un air, un son de voix, et des yeux ! » Suard lui demande pourquoi c'est impossible. « Pour une raison, lui répond-elle, dont je l'estime infiniment. » Elle n'ajoute pas qu'il lui aurait sans doute plu d'en triompher.

Une autre fois, il raconte à Sophie qu'une femme, empêchée de se marier, désire devenir mère afin de se consacrer à son enfant. Il laisse entendre qu'elle s'est adressée à lui. Mais, en manière de badinage, il ajoute qu'il manquerait à son amie s'il ne lui demandait pas son consentement. Il semble bien que, sur le même ton, elle le lui ait refusé.

Mais la cinquantaine est vite venue pour Diderot : il avait déjà quarante-trois ans quand il a connu Sophie. Et nous connaissons désormais le secret de sa sagesse, la raison de sa raison. C'est surtout parce qu'il se défie de lui qu'il refuse de s'engager dans les flatteuses aventures qui s'offrent à lui. « Avant que de m'élever un trophée, il faudrait que j'épluchasse bien tout cela. J'aurais cent questions à me faire, comme celle-ci, par exemple... N'y avait-il, dans votre refus, aucun principe d'économie? Ne craigniez-vous point qu'on n'exigeât de vous plus que vous n'aviez en caisse?... Ah ! ma bonne amie ! Quand on s'avise de mettre au creuset les actions les plus héroïques des hommes, on ne sait jamais comment elles en sortiront. »

Parfois, il n'avoue pas spontanément. Il doit répondre aux questions de Sophie, effleurée par un soupçon jaloux. Ainsi, il rapporte tout au long, à ses « bonnes amies », une mystification dont il a été l'objet et qui devait s'achever par un dîner chez Mme de Coaslin. Incidemment, il raconte que l'intrigue lui a été dévoilée à temps par la Guimard, la célèbre danseuse de l'Opéra. C'est surtout ce que retient Sophie de l'anecdote. Elle lui demande comment il a connu la Guimard. Sa réponse est assez évasive : « D'où je connais Mlle Guimard? Mais, de tout temps ; il y a cent moyens et, à mon âge, il y a cent raisons de connaître la Guimard. On trouve dans ces filles-là je ne sais combien de ressources essentielles qu'on ne peut espérer dans une honnête femme, sans compter celle d'être avec elles comme on veut : bien, sans vanité ; mal, sans honte. »

Dans ses lettres à Sophie, il ne fait que de courtes allusions à son aventure avec Mme Terbouche. Mais il la conte amplement dans son *Salon* de 1767. Mme Terbouche est une femme peintre, d'origine allemande. Vers quarante ans, elle arrive à Paris. Elle est sans adresse et sans grâce, mais non pas sans talent. « Ce n'est pas le talent qui lui a manqué... Elle en avait de reste. C'est la jeunesse, c'est la beauté, c'est la modestie, c'est la coquetterie. Il fallait s'extasier sur les mérites de nos grands artistes, prendre de leurs leçons, avoir des tétons et des fesses, et les leur abandonner. »

Mme Terbouche obtient de faire le portrait de Diderot. « Pour la fierté, les chairs, il est fort au-dessus d'aucun portraitiste de l'Académie. Je l'ai placé vis-à-vis de celui de Van Loo, à qui il jouait un mauvais tour. Il était si frappant que ma fille me disait qu'elle l'aurait baisé cent fois pendant mon absence, si elle n'avait pas craint de le gâter. » Il y est représenté nu jusqu'à la ceinture. Il raconte même qu'il a posé, « avec une simplicité et une innocence dignes des premiers siècles », en modèle d'académie. Il est vrai que le philosophe n'était plus jeune et que la dame n'était pas belle. Heureusement. « Car, dit-il, depuis le péché d'Adam, on ne commande pas à toutes les parties de son corps comme à son bras ; il y en a qui veulent quand le fils d'Adam ne veut pas, et qui ne veulent pas quand le fils d'Adam voudrait bien. »

Mais Mme Terbouche est follement ambitieuse. Elle veut être reçue au Salon. Elle veut faire un tableau pour le roi. A genoux, elle supplie le philosophe de la servir. Le bon Diderot multiplie les lettres et les démarches. Lorsqu'elle est à bout de ressources, il met à contribution tous ses amis afin de lui procurer quelques centaines de louis qui lui permettront d'apaiser ses créanciers et de regagner son pays. Hélas ! il n'est payé de ses bienfaits que par l'ingratitude et la calomnie. Et de gémir : « Le pauvre philosophe, qui est sensible à la misère parce qu'il l'a éprouvée, le pauvre philosophe qui a besoin de son temps et qui le donne au premier venu, le pauvre philosophe s'est tourmenté pendant neuf mois pour mendier de l'ouvrage à la Prussienne. Le pauvre philosophe a été calomnié et a passé pour avoir couché avec une femme qui n'est pas jolie...

L'indigne Prussienne a donné au pauvre philosophe une bonne leçon dont il ne profitera pas, car il restera bon et bête comme Dieu l'a fait. »

Dans ses lettres à Sophie, il ne parle guère non plus de Mme de Meaux et de sa fille Mme de Prunevaux. En 1770, il les rejoint toutes deux à Bourbonne, où Mme de Meaux accompagne sa fille, malade des suites d'une première grossesse. Et il écrit négligemment à son amie : « Je ne vous dirai rien de la santé de Mme de Meaux et de sa fille, que vous ne connaissez pas, et qui ne peuvent vous inspirer un grand intérêt. » En réalité, il courtise l'une des deux femmes. Mais laquelle? Nous avons vu bien des fois l'ombre du mystère passer sur la vie de Diderot. Ici, cette obscurité a provoqué la plus singulière méprise : au siècle dernier, tous ses biographes admettent sans débat que le philosophe s'est épris de la jeune Mme de Prunevaux ; or, on a récemment découvert qu'il s'agissait, non pas de Mme de Prunevaux, mais de sa mère, Mme de Meaux.

La confusion s'explique. Diderot est incurable : du moment qu'il recherche la mère, il faut qu'il gagne les bonnes grâces de la fille. A Bourbonne, il est donc fort attentif à Mme de Prunevaux. Il lui dédie une charade en vers. Il récrit le fameux conte des *Deux amis de Bourbonne*, qu'elle a ébauché. Une fois de plus, ce cœur universel a cédé au besoin d'associer, de confondre ceux qu'il aime, de près ou de loin. On pouvait donc aisément s'y tromper.

Mais, à l'examen, le doute n'est pas possible. En effet, à la fin du séjour à Bourbonne, un dissentiment éclate entre le philosophe et Mme de Meaux, qui vient de distinguer un nouveau soupirant. Diderot en fait juge son ami Grimm, également lié avec les deux parties. Et, dans ses lettres à Grimm, il revient à plusieurs reprises sur l'âge de l'inconstante : « Et elle a quarante-cinq ans, et elle ne connaît ni l'amour, ni ses ombrages... Se donne-t-on ce passe-temps-là, à l'âge de quarante-cinq ans? » Or, Mme de Prunevaux n'avait pas vingt-cinq ans. Ajoutons que, sur la nature des relations entre Mme de Meaux et le philosophe, l'hésitation non plus n'est guère permise. Diderot rappelle à Grimm « sa nullité » et cette fois très nettement : « La saison du besoin est bien loin et ma nullité est un oracle plus sûr que le vôtre. »

Diderot a donc soumis à son ami Grimm le débat qu'il appelle lui-même un petit logogriphe. A Bourbonne, puis à Paris où ils rentrent ensemble, Mme de Meaux a encouragé les assiduités de M. de Foissy, écuyer du duc de Chartres. Diderot, qui a cinquante-sept ans, fait galamment l'éloge de ce rival de trente ans : il est plein d'égards, de douceur, de politesse, d'agréments et de gaîté. Le philosophe engage même l'écuyer à se déclarer franchement. Quant à lui, il ne souffre pas, il ne souffrira pas. Il le répète même avec un peu trop d'insistance pour que ce soit tout à fait vrai. Mais Mme de Meaux n'a-t-elle pas la prétention de garder ses deux soupirants, de les atteler ensemble à son char? « Mes amis, restez-moi, vous suffirez au bonheur de ma vie ; entre vous, je défie le destin de m'attaquer. » Et Mme de Prunevaux s'en mêle : « Et puis, moi, philosophe, pourquoi ne venez-vous pas me voir? Venez me voir. » Voilà l'offre qu'il repousse avec indignation. Voilà le débat qu'il soumet au jugement de Grimm. Il ne veut pas de ces « foutues ba-

lances-là ». Il veut qu'on lui restitue son temps, son précieux temps, sa quiétude. Il veut qu'on lui rende sa liberté.

Et quand, un peu mélancolique, il a reconquis tous ces biens, vers qui se tourne-t-il? Vers son amie, son unique amie : « J'ai besoin, plus besoin que jamais d'aimer quelqu'un et d'en être aimé. J'ai compté sur vous pour toute la vie ; si vous me laissez là, je resterai seul... Revenez, revenez et vous me trouverez tel que j'ai toujours été. »

***

C'est au Grandval, chez le baron d'Holbach, que Diderot doit rencontrer le plus de tentations. Il est vrai qu'il se flatte d'y résister. Écoutez comme il en persuade Sophie : « Pour moi... qui aime avec une précision, un scrupule, une pureté vraiment angéliques, qui ne permettrais pas à un de mes soupirs, à un de mes regards de s'égarer... jugez combien j'ai dédaigné la tendresse courante ! Je suis un vrai janséniste, et pis encore ; et quoique Mme d'Aine la jeune soit faite au tour, qu'elle ait les plus jolis petits pieds du monde, des yeux très émerillonnés, très fripons, même en présence de son mari, deux petits tétons qu'elle montre tant qu'elle peut, sur mon Dieu, je ne les ai pas vus. »

Mais s'il résiste à ces séductions-là, il cède à tous les autres attraits du Grandval. Et ils sont nombreux pour lui. D'abord, il en aime l'accueil chaleureux. Dans ce milieu encyclopédiste, il est fêté, choyé. Il est Le Philosophe. Quand il arrive, « on fait presque des feux de joie ». La simplicité du ton, l'absence d'étiquette, achèvent de le mettre à l'aise. Car cet homme tumultueux est timide. Il a horreur des propos mondains. « Je me suis demandé plusieurs fois pourquoi, avec un caractère doux et facile, de l'indulgence, de la gaîté et des connaissances, j'étais si peu fait pour la société. C'est qu'il est impossible que j'y sois comme avec mes amis, et que je ne sais pas cette langue froide et vide de sens qu'on parle aux indifférents ; j'y suis silencieux ou indiscret. » Quand on le présente, il balbutie. Il a avoué : « Je sais dire tout, excepté bonjour. »

Puis il aime la vie du Grandval, cette vie si sagement ordonnée, sous ses apparences de libre

fantaisie. Elle reste immuable, tant elle est plaisante. A tel point qu'à près de dix ans d'intervalle, Diderot la décrit dans les mêmes mots à son amie. On se lève tôt, on travaille jusqu'à midi, « où l'on dîne ferme et longtemps ». On plaisante un moment tout en sommeillant un peu sur les canapés. Puis les hommes prennent leur canne et font de longues promenades par la campagne. Ils retrouvent dans le salon les femmes qui se sont habillées. C'est l'heure de la musique et des jeux : le tric-trac, le billard, les échecs, les cartes. Après le souper, la causerie se prolonge souvent fort tard dans la soirée.

La vraie ordonnatrice, au Grandval, c'est Mme d'Aine, la belle-mère du baron. Elle est la propriétaire du château, elle règle les menus. C'est donc une personne fort sage, mais sous les apparences les plus folles. Elle est bien à l'image de la vie qu'elle gouverne. C'est elle qui, sans croire, s'agenouille le soir près de son lit pour édifier sa femme de chambre. « Mais quand vous êtes à genoux, à quoi rêvez-vous? — Je rêve à ce que nous mangerons demain. » Un soir, la veillée finie, elle redescend en costume de nuit pour mettre le garde-feu à la cheminée du salon. Elle est grasse et blanche, à soixante ans. Un familier du lieu, qui s'est attardé au coin du feu, feint de la poursuivre et de l'entreprendre. Et on l'entend crier : « A moi, mes gendres !... Ah ! s'il me fait un enfant, tant pis pour vous. » Elle estropie tous les noms et s'osbtine à appeler l'*Encyclopédie* la *Socoplie*. Diderot le lui pardonne. Il estime autant cette aimable folie que la grâce parfaite de Mme d'Holbach, l'intelligence lucide, l'inépuisable érudition du baron.

Il aime la bonne chère du Grandval. Car il est grand mangeur et grand buveur autant que grand causeur. Il s'en excuse : « Ne pourrai-je jamais, comme disait Mme de Sévigné, qui était aussi bavarde et aussi gloutonne, ne plus manger et me taire ! » Il confie, trop fidèlement, à Sophie, ses excès de table et leurs suites. Souvent, elle l'exhorte à la sobriété. Mais il désespère de s'amender. « Non, chère amie, vous avez beau prêcher la sobriété, vous ne m'ennuierez point ; je verrai toujours l'intérêt que vous prenez à ma santé, et je ne m'en corrigerai pas davantage... Je mange de distraction ; que faut-il

que j'y fasse? Comment parvient-on à n'être pas distrait? »

Il aime surtout la conversation que cette grande chère anime et stimule. « Vous comprenez ce que cela doit devenir à table, au dessert, entre douze ou quinze personnes, avec du vin de Champagne, de la gaîté, de l'esprit, et toute la liberté des champs. » Quel éclat, quelle diversité... On passe de l'entretien le plus profond aux anecdotes les plus scabreuses, du paradoxe le plus hardi aux imaginations les plus fantaisistes. Mais, parmi ces ardents propos, il n'oublie pas son amie. Car, si nous les connaissons, c'est qu'il les a soigneusement notés pour elle.

Ces conversations diaprées, dans la liberté des champs, Diderot les a également connues chez Mme d'Épinay. Au croquis du Grandval, il convient d'épingler celui de la Chevrette. Le philosophe a longtemps refusé de voir Mme d'Épinay. De faux rapports l'avaient abusé sur elle. De plus, elle écrivait, et, depuis son aventure avec Mme de Puisieux, Diderot se défiait des femmes de lettres. Mais en 1757, ils se rencontrèrent chez Grimm. Il voulut

sortir quand il la vit. Elle l'arrêta par le bras : « Ah ! le hasard, lui dit-elle, ne me servira pas si bien sans que j'en profite. » Il rentra et Mme d'Épinay assure « qu'elle n'a eu de sa vie deux heures plus agréables. »

Ces heures se renouvelèrent. Diderot, dont les préventions étaient tombées, parut au château de la Chevrette. La vie, plus calme que celle du Grandval, lui ressemblait pourtant. « Des conversations tantôt badines, tantôt sérieuses, un peu de jeu, un peu de promenade, ensemble ou séparés, beaucoup de lecture, de solitude et de repos. » Cependant les deux maisons se disputaient la présence du philosophe. Dans le milieu d'Holbach, on prétendit même malicieusement que Diderot était amoureux de Mme d'Épinay. Pure plaisanterie. Car elle vivait ouvertement avec Grimm et jamais le philosophe n'eût trompé « l'homme de son cœur ».

Si le Grandval fut le séjour préféré de Diderot, la Chevrette peut s'enorgueillir d'un rare privilège : celui d'avoir vu naître le plus célèbre roman de Diderot, *La Religieuse*. Ce fut la suite d'une mystification. Les amis de Mme d'Épinay déploraient

le départ du marquis de Croixmare, charmant vieillard, naïf et bon, qui s'était retiré dans ses terres, en Normandie. Diderot fut l'âme du complot. Il imagina qu'une jeune religieuse de Longchamp, contrainte par sa famille à prononcer ses vœux, avait pu s'échapper du couvent et demandait protection à M. de Croixmare. Les amis du marquis espéraient qu'il allait bondir au secours de l'infortunée et que, la supercherie découverte, il leur resterait.

Le philosophe forgea donc des lettres de la religieuse au marquis. Une correspondance s'établit. Puis, afin de rendre cette malheureuse plus intéressante encore aux yeux du vieillard, Diderot décida qu'elle lui confesserait toute l'histoire de sa vie. Il l'écrivit. Ce sont ces mémoires mêmes qui constituent le roman de *La Religieuse*. Ajoutons que le crédule marquis, au lieu d'accourir à Paris, résolut de recueillir la jeune fille dans son château normand. Si bien que Diderot dut prendre le parti de la faire mourir.

Pendant qu'il écrivait les Mémoires de la religieuse, un de ses amis le surprit tout en pleurs. « Qu'avez-vous ? — Ce que j'ai ? Je me désole d'un

conte que je fais. » C'était bien de ce bon Diderot qui, non content de s'émouvoir sur toutes les infortunes réelles, s'attendrissait encore sur celles qu'il imaginait.

Diderot a hésité près de dix ans avant de se rendre en Russie à l'appel de l'impératrice. En particulier, il s'effarait de mettre entre Sophie et lui une si longue distance. Et puis, un jour, il a cédé, il a passé outre. Il faut bien reconnaître que, ce jour-là, la grande Catherine l'a emporté sur Sophie Volland. Ce sera la dernière infidélité du philosophe à son amie.

En 1765, l'impératrice, qui déjà lui avait offert d'achever en Russie l'*Encyclopédie* persécutée en France, lui achète sa bibliothèque. Depuis quatre ans déjà, il cherchait à la vendre, afin d'assurer le sort de sa fille par un placement sur sa tête. Dès 1761, il écrivait à son amie : « A propos, ma bibliothèque est comme vendue. »

L'impératrice la lui payait quinze mille francs, la lui laissait de son vivant et l'en nommait bibliothécaire à raison de mille francs par an. Pendant deux ans cette pension ne lui fut pas payée. Il ne s'en plaignait pas, trop heureux que la souveraine eût bien voulu « acheter sa boutique et lui laisser ses outils ». Mais cet oubli était volontaire. Sous couleur d'en éviter le retour, l'impératrice lui fit verser cinquante mille francs, le prix de cette pension pendant cinquante ans.

Diderot sentait bien la nécessité d'aller la remercier d'aussi généreux procédés. Il l'écrivait à Sophie : « Si je ne veux pas être ingrat envers ma bienfaitrice, me voilà presque forcé à un voyage de sept à huit cents lieues ; si je ne fais pas ce voyage, je serai mal avec moi-même, mal avec elle, peut-être. »

Mais il aime. Il ne veut pas partir si loin, si longtemps. En 1767, il l'avoue au sculpteur Falconet qui, de Pétersbourg, ne cesse de l'appeler. « J'ai une amie ; je suis lié par le sentiment le plus fort et le plus doux... » On a lu plus haut cet ardent couplet. Il imagine même que Falconet le montrera à la souveraine. « Eh bien, qu'y verra l'impératrice? écrit-il à Sophie. Que j'aime, que j'aime à la folie, que tous les dons ne sont rien pour moi, au prix du bonheur de celle que j'aime... Si elle lit et pense bien, elle ne dira pas : il est ingrat. Mais elle dira : il est amoureux. »

Tiraillé, sollicité par des forces contraires, il balance encore pendant six ans. Et puis, en 1773, il cède. Mais il faut dire que sa tendresse pour Sophie Volland n'avait pas été seule à le retenir ; d'autres obstacles s'opposaient jusqu'alors à son départ, et ces obstacles venaient de disparaître.

Ainsi, l'*Encyclopédie* est juste achevée depuis 1772. Or, il en supportait tout le poids et il ne pouvait pas se dérober à sa tâche : « Je suis engagé à des commerçants qui ont mis sur ma parole toute leur fortune à une seule entreprise, écrivait-il à Falconet ; ils sont actuellement dans le fort de leurs rentrées, qui seraient suspendues ou arrêtées. Personne ne peut me suppléer... Quatre ou cinq mille citoyens ont avancé des fonds considérables qu'ils seraient en droit de redemander d'un moment à l'autre... » On conviendra que c'étaient là de graves responsabilités. Il ne pouvait guère s'éloigner avant d'en être affranchi.

Cette même année 1772, sa fille s'était mariée. Elle entrait dans une vieille et solide famille langroise, amie des Diderot, les Caroillon. L'un des quatre fils Caroillon, celui qui s'appelait Caroillon de la Charmotte, était déjà le filleul de Diderot. Caroillon de Vandeul devenait son gendre. Dans sa vie débordée, le philosophe avait consacré bien des heures à sa fille, assistant aux leçons, l'accompagnant en promenade, la nourrissant de son esprit. Pendant qu'il l'éduquait ainsi, il hésitait à s'éloigner d'elle, si longtemps. Mais elle s'était envolée du nid. C'était encore un lien qui venait de se rompre, parmi ceux qui l'avaient jusqu'alors retenu.

En mai 1773, il part donc pour La Haye. De là, il supplie encore son amie de ne point lui tenir rigueur. Elle-même n'a-t-elle pas été obligée, pendant de longues années, de partir pour Isle? « Accordez à des circonstances importantes ce que vous accordiez à la nécessité d'accompagner une mère chérie dans une terre qui faisait ses délices. » Le prince de Nariskin l'emmène dans sa voiture à Pétersbourg.

La grande Catherine voulait que la simplicité régnât dans son palais de l'Ermitage. On a conservé l'original de l'inscription, écrite de sa main, qu'elle avait fait placarder sur toutes les portes intérieures : « *Asseyé-vous si vous voulé et cela où il vous plaira, sans qu'on vous le répète cent fois ; la maîtresse de la maison n'aime pas les cérémonies ; que chacun soit donc ici comme chez soi.* » Il est certain cependant que l'expansive bonhomie du philosophe la déconcerta. Bien qu'elle connût « le génie et ses étrangetés », elle avoue souvent sa surprise à ses correspondants. Elle écrit à Mme Geoffrin : « Votre Diderot est un homme bien extraordinaire ; je ne me tire pas de mes entretiens avec lui sans avoir les cuisses meurtries et toutes noires ; j'ai été obligée de mettre une table entre lui et moi pour me mettre, moi et mes membres, à l'abri de sa gesticulation. »

Elle goûtait plus ses vues philosophiques ou littéraires que ses plans de réforme politique. Elle jugeait qu'il manquait de sens pratique et le lui faisait entendre doucement. « Vous travaillez sur le papier... et moi sur la peau humaine. » Elle s'étonnait que tant de science et tant de rêverie pussent habiter une même tête : « Il a cent ans et il en a dix. »

Mme de Vandeul reconnaît elle-même que son père « était si peu fait pour vivre à une cour qu'il a dû y faire un grand nombre de gaucheries ». La simplicité de son costume noir, son enthousiasme familier, excitaient la risée des courtisans. La bienveillance extrême que lui accordait la souveraine éveillait leur jalousie et même leur malveillance. On lui fit une guerre sourde...

Il ne s'aperçut de rien : il était ébloui par l'impératrice. La porte du cabinet de la souveraine lui était ouverte tous les jours depuis trois heures de l'après-midi jusqu'à cinq et quelquefois jusqu'à six heures. Il entrait, on l'invitait à s'asseoir, il parlait en toute liberté. « Ah ! mes amies, quelle souveraine ! quelle extraordinaire femme !... Il faudra bien qu'on m'en croie, lorsque je la peindrai par ses propres paroles ; il faudra bien que vous disiez toutes que c'est l'âme de Brutus sous la figure de Cléopâtre ; la fermeté de l'un et les séductions de l'autre ; une tenue incroyable dans les idées avec toute la grâce et la légèreté possibles de l'expression... » Et, des années encore, dans ses propos, il ne cessera pas de célébrer l'impératrice, sa générosité, ses vertus, sa gloire, comme un chevalier célébrait sa dame, sur un ton de lyrisme amoureux.

Au bout de six mois, il part, comblé des bienfaits de la souveraine. Mais il apprécie, « plus que tous les trésors du monde », la bague où le portrait de la grande Catherine est gravé dans la pierre, et qu'elle a portée.

Son retour fut difficile. La traversée de la Dwina, sur des glaces à demi rompues, fut périlleuse. Quatre fois, sa voiture fut brisée. Il dut s'arrêter longuement à La Haye, afin de surveiller, pour l'impératrice, l'impression de Règlements d'administration. C'est là qu'il apprit la mort du roi Louis XV, dont il semble prévoir les répercussions profondes : « Il est arrivé sur votre horizon un grand événement qui sera suivi de beaucoup d'autres... » Lorsqu'il était parti, il se flattait de revenir pour le Carnaval. Il ne rentra guère avant la Toussaint. Il était absent depuis bientôt dix-huit mois.

Un trait vaut d'être noté, chez cet homme qui pas-

sait pour distrait et brouillon : il rapportait à des savants, à des amis, des collections de marbres, de métaux, de minerais, intactes, « rangées avec un soin incroyable ». Et il peut dire à l'orageuse Nanette : « Ma femme, compte mes nippes, tu n'auras point de motifs de me gronder, je n'ai pas perdu un mouchoir. »

Quant à Sophie, il se promettait bien souvent dans ses lettres de lui conter son voyage « au coin du foyer ». Et, au moment de quitter enfin La Haye pour regagner Paris, il lui écrit : « Je reparaîtrai bientôt sur votre horizon, et pour ne plus m'en éloigner. » En effet, ils ne devaient plus se séparer, jusqu'à la mort.

J'admets fort bien que Diderot ait poussé telles de ces aventures plus loin qu'il ne le laisse entendre, dans le temps où la nature le lui permettait encore. Il serait bien ridicule de vouloir le représenter comme un petit saint. Mais ces courtes infidélités ne défigureraient guère son long attachement à Sophie Volland ; elles lui laisseraient son émouvant caractère de durée. Il faut reconnaître à Diderot le mérite de la constance. Cet homme excessif était l'homme des longues entreprises. Quelle ironie de le montrer mobile, instable, tournant à tous les vents « comme le coq du clocher de l'église », alors que tous les grands traits de sa vie sont des traits de constance.

Il est constant dans ses habitudes : nous le voyons rester trente ans dans son logis de la rue Taranne, jusqu'au jour où la maladie lui interdit d'en gravir les quatre étages.

Il est constant dans l'amitié. Grimm, le joaillier Belle, sont des amis de trente ans. Condorcet disait qu'on était toujours dans son tort quand on se fâchait avec Diderot. Or, lui-même avait rompu. « Mais vous ? — J'avais tort. »

Il est constant dans ses convictions. Du jour, vers la quarantaine, où il parvient à l'athéisme, il reste trente ans fidèle à sa doctrine, même dans l'épreuve suprême, face à la mort.

Il est constant dans son labeur. C'est près de trente ans qu'il consacre à l'*Encyclopédie*, à travers les difficultés que l'on sait.

Enfin, il est constant dans la tendresse. C'est près de trente ans encore qu'il voue à Sophie Volland « une passion, dit Mme de Vandeul, qui a duré jusqu'à la mort de l'un et de l'autre. »

VIII

LA JOURNÉE BIEN REMPLIE

Pendant sa longue escale en Hollande, au moment de regagner Paris, Diderot écrivait à ses bonnes amies : « J'ai peut-être encore une dizaine d'années au fond de mon sac... Tâchons de les économiser pour le repos et les petits bonheurs qu'on peut se promettre au delà de la soixantaine. » Il voyait juste : il a vécu dix années encore, et dans la sagesse.

Cette époque de sa vie est la plus obscure. C'est que le grand foyer de lumière s'est éteint : les lettres de Diderot à Sophie Volland ont cessé net à son retour de Russie, en 1774. Cet arrêt brusque peut s'expliquer très simplement : désormais, les deux correspondants ne sont plus séparés. Car les longs séjours au château d'Isle ont pris fin après la mort de Mme Volland, qui dut précéder de peu le voyage à Pétersbourg.

Le dur climat de Russie, le pénible retour, avaient altéré la santé du philosophe. Il ne se remit jamais complètement de ces épreuves, qui venaient s'ajouter aux fatigues d'une vie excessive. Mais nul ne s'apercevait de ce lent travail de destruction. Il n'avoua sa lassitude à sa fille que peu avant la fin. Sa conversation restait étincelante et il se jetait toujours avec la même fougue aux délices de la causerie. Il continuait de travailler : il revoyait ses propres ouvrages et surtout ceux des autres. Il ne cessa jamais de conseiller et de secourir.

Dans cette vie cependant ralentie, sans doute allait-il souvent rendre visite à son amie qui, depuis 1765, habitait rue Sainte-Anne. Il avait aussi de longs entretiens avec sa fille, où ses petits-enfants s'endormaient parfois sur ses genoux, et l'immobilisaient. Mme de Vandeul, depuis son mariage, avait lié connaissance avec la famille Volland. Pendant son séjour en Hollande, le philosophe écrivait à son

amie : « Ma fille m'apprend que pendant mon absence, vous avez eu quelque bonté pour elle. » Et, dans la mélancolie du déclin, ce devait être pour lui d'une grande douceur, de réaliser un de ses vœux obstinés, de voir vivre en paix dans la vie ceux qu'il avait associés dans son cœur.

Cette époque de l'existence de Diderot est si mal éclaircie qu'on a longtemps ignoré sa villégiature de Sèvres. Les Mémoires de Mme de Vandeul et les Lettres à Sophie laissent croire qu'il descendait incidemment chez son ami le joaillier Belle. En réalité, celui-ci avait cédé au philosophe une partie de sa maison, où il a séjourné chaque été pendant près de quinze ans.

Cette maison existe encore. Ce sera la dernière station de notre pèlerinage aux souvenirs de Diderot. Elle est située juste au pied du coteau de Bellevue, presqu'au bord de la Seine, rue Troyon, jadis rue Vaugirard. Le parc du domaine de Brimborion do-

mine et protège, en attendant le fatal lotissement, tout ce coin du dix-huitième siècle.

Lorsque j'aperçus la façade aux vastes fenêtres cintrées, derrière les tilleuls de la terrasse qui borde la rue, j'eus l'impression de la reconnaître : j'étais déjà venu dans cette maison. En effet, pendant la guerre, son propriétaire l'avait mise à la disposition du Service des Inventions. Au fond du jardin, dans un souterrain creusé dans la colline, j'avais assisté aux essais d'un bouclier de mitrailleuse. La maison de Diderot, de ce grand humain, transformée en atelier de guerre... Décidément, la vie dépasse toujours les fictions des romanciers.

Je m'attardais devant tout ce passé, les petits pavillons en tourelles, l'allée carrossable où les roues ont tracé dans le pavé une ornière de pierre. Un corps de logis de noble allure, succédant à la terrasse, s'aligne sur la rue. Là, sans doute, avait habité Mme de Vermenoux, grande dame suisse, autre amie du joaillier, chez qui fréquentaient les Necker, les Marmontel, les Meister, toute une élite qui rendait Diderot aux chères délices de la causerie.

Une très vieille dame sortit de cette demeure et

vint à moi. N'étais-je pas ce visiteur qui lui avait écrit pour lui sous-louer quelques chambres? Hélas non. Pour justifier ma présence, je lui expliquai que Diderot avait habité quinze ans la maison principale. J'ajoutai que, selon quelques historiens qui ne m'ont pas convaincu, il y serait même mort. Elle hocha la tête et me dit :

— Oh ! voilà dix-neuf ans que j'habite ici. Je l'aurais su.

Cependant, le soir approchait. Diderot aurait très bien pu revenir. Rien ne l'aurait déconcerté. Point d'autos. Elles évitent le pavé houleux, qui date sûrement du dix-huitième. Le rideau de peupliers de l'île Séguin, tendu juste devant la maison, masque Paris. J'imaginais le philosophe, au bras de son ami Belle, au retour d'une promenade dans ces bois charmants de Bellevue, de Meudon, de Saint-Cloud, tout bruissants de soupirs d'amour, où tant de fois il avait accompagné Sophie Volland.

Il se reposerait sur ce banc, sous les tilleuls de la terrasse, la main appuyée sur sa canne, le col dégagé, le front lumineux dans la pénombre. Et il rêverait.

Je n'aurais pas peur de ce fantôme. Je ne craindrais pas ses reproches. Car je sais que je ne l'ai pas trahi. Qui donc, d'ailleurs, craint les reproches des morts ? N'est-ce point singulier que, même lorsqu'ils se croient spiritualistes, ceux qui écrivent la vie d'un grand homme ne tremblent jamais que son esprit ne revienne, ne plane sur eux et, relevant quelque traîtrise sous leur plume, ne murmure : « Ce n'est pas bien » ?

J'ai assisté, plein d'un tendre respect, aux rêveries d'un autre illustre vieillard qui, lui aussi, était assis sous les arbres de sa terrasse, le regard perdu. A quoi rêvent-ils ? A leur passé si plein, au jugement de l'avenir, à la mort proche...

La mort... Diderot l'attendait sans faiblesse. C'est encore à son amie qu'il en fait l'aveu. Elle lui demandait dans une lettre pourquoi « plus la vie est remplie, moins on y est attaché ? » Et il répondait : « C'est qu'on désire la fin de la vie comme, après avoir bien travaillé, on désire la fin de la journée ; c'est qu'après avoir fouillé la terre tant de fois, on a moins de répugnance à y descendre ; c'est que la vie n'est, pour certaines personnes, qu'un long jour de fatigue et la mort qu'un long sommeil, et le cercueil qu'un lit de repos, et la terre qu'un oreiller où il est doux à la fin d'aller mettre sa tête pour ne plus la relever. »

Ah ! la journée de sa vie a été bien remplie... Certes, il a pris du plaisir. Mais il a fait la moindre peine. Mais il a tant travaillé... Quelle diversité, dans l'énorme amas de ses œuvres... Romans, pièces, Salons, philosophie, mémoires de physique et de mathématiques, essais d'histoire et de physiologie, études sur le commerce et traités de musique, plans universitaires et politiques, projets de monuments et de tapisseries. Jusqu'à des inventions : des procédés de peinture, des orgues... Il a tout compris, tout remué, tout fécondé, parce qu'il a tout aimé.

Fait unique dans l'histoire littéraire : les plus célèbres de ses ouvrages ont paru après sa mort : *La Religieuse*, *Jacques le Fataliste*, *le Neveu de Rameau*, *les Salons*, *le Paradoxe sur le Comédien*. Il les avait confiés à la postérité. Il avait foi en elle, parce qu'il avait beaucoup travaillé pour elle.

Que de fois, en effet, il a prévu, défriché l'avenir. Prophète, il a eu la vision du télégraphe, du transformisme, de l'unité de la matière, de la science expérimentale, de l'instruction gratuite, de l'enseignement professionnel. Pionnier, il a ouvert des voies nouvelles à la critique, au journalisme, au théâtre, à l'éducation des aveugles et des sourds-muets. Brandissant sur son siècle l'*Encyclopédie* comme une arme et comme une torche, il abat des barrières et des préjugés, fraye des clairières, éveille des curiosités et des enthousiasmes. Mettant les métiers en honneur et en lumière, révélant l'importance de la machine et de l'ouvrier, il annonce la société nouvelle.

Et là, sur cette terrasse de Sèvres, il pourrait mesurer d'un regard le labeur de sa prodigieuse journée, en contemplant ce monde moderne dont il a préparé la venue. Si ce rideau de peupliers, qui frissonne comme les Vordes d'Isle-sur-Marne, s'entr'ouvrait à ses yeux, il verrait, grondant sous la brume du soir, l'océan de Paris déferler jusqu'à lui.

⁂

Le 19 février 1784, il fut pris d'une violente hémoptysie. Elle marquait le début de la crise qui devait l'emporter. « Voilà qui est fini, dit-il aux siens, il faut nous séparer. Je suis fort, ce ne sera peut-être pas dans deux jours, mais deux semaines, mais deux mois, un an... » Et, trois jours après, le 22 février, mourait Sophie Volland. On ne sait rien de plus de sa fin. « Il ne se consola de sa perte, écrit Mme de Vandeul, que par la certitude de ne pas lui survivre longtemps. »

Cependant, comme il l'avait prédit, son robuste organisme devait lutter des mois encore. A la faveur d'une rémission, il partit pour Sèvres, en mai. Il en revint en juillet. Dans cet intervalle, sur l'intervention de Grimm, l'impératrice de Russie, afin de lui éviter les quatre étages de la rue Taranne, avait fait louer pour lui un spacieux appartement au 39 de la rue Richelieu. C'est là qu'il descendit. Il devait l'habiter douze jours.

Le 29 juillet, dans la soirée, il reçut ses amis.

Il avait l'esprit libre et dispos. Il leur dit notamment : « Le premier pas dans la philosophie, c'est l'incrédulité. » C'est le dernier propos que sa fille ait entendu de lui. Il restait fermement attaché à ses convictions. Déjà, avant son départ pour Sèvres, le curé de Saint-Sulpice, qui lui avait plusieurs fois rendu visite rue Taranne, lui avait laissé entendre qu'une petite rétractation de ses ouvrages ferait bon effet. « Je le crois, monsieur le curé, mais convenez que je ferais un impudent mensonge. »

Le 30, au matin, il se leva, vit le baron d'Holbach, M. de Vandeul et son médecin. Il prit quelques aliments. Nanette lui reprocha de manger un fruit cru. Suprême gronderie. Il s'accouda à la table, toussa légèrement. Il n'était plus.

Diderot fut inhumé à Saint-Roch, sa nouvelle paroisse, dans la chapelle de la Vierge, où devait le rejoindre en 1789 son ami le baron d'Holbach. Par une coïncidence singulière, Diderot, trente ans plus tôt, pour la *Correspondance* de Grimm, avait étudié cette chapelle, au seul point de vue esthétique et d'ailleurs dans les termes les plus dignes et les plus mesurés.

On ignore ce que sont devenus ses restes et même son tombeau. Tous ses biographes qui tentèrent de se renseigner à Saint-Roch, depuis plus d'un siècle, n'ont reçu que de confuses réponses. Travaux intérieurs. Révolution. Pillage. Il semble pourtant établi que le caveau de la Chapelle de la Vierge a été muré. On aurait transporté, dans l'église même, toutes les inscriptions, tous les monuments qu'il contenait. Aucun d'eux ne rappelle Diderot, ni son ami d'Holbach.

Ainsi le mystère l'a poursuivi au delà de la mort. Mais cette fois il a étendu sur lui un voile tutélaire. Il a voulu que nous ignorions ce que sont devenues ses cendres et celles de Sophie Volland, comme pour mieux nous permettre d'imaginer que s'est réalisé son grand rêve d'amour, que leurs atomes se sont rejoints et confondus, et qu'ils roulent, unis pour l'éternité, dans le torrent de la vie universelle.

TABLE DES MATIÈRES

I. — Nanette 5
II. — Mme de Puisieux 27
III. — Avènement de Sophie Volland. 45
IV. — Un cantique d'amour 67
V. — « Le père tout à tous » 93
VI. — L'énigme 121
VII. — Les infidélités. 147
VIII. — La journée bien remplie 175

E. GREVIN — IMPRIMERIE DE LAGNY — 9-1928.

www.ingramcontent.com/pod-product-compliance
Ingram Content Group UK Ltd.
Pitfield, Milton Keynes, MK11 3LW, UK
UKHW020553180726
13838UKWH00001B/224